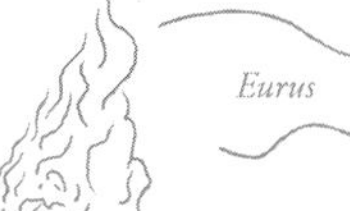

「勤労青年」の教養文化史

福間良明
Yoshiaki Fukuma

岩波新書
1832

目　次

【凡例】

引用にあたっては、現代においては不適切な表現もそのままに記している。あくまで資料としての正確性を期するためであり、他意のないことをご了承いただきたい。

資料の引用に際しては、以下の基準に従っている。

（1）旧字体の漢字は、原則的に新字体に改めている。仮名遣いは原則的に引用元のとおりである。

（2）読みやすさを考慮し、適宜句読点や表記に修正を加えた箇所もある。明らかな誤植も修正している。

（3）中略は［……］で示している。また引用中の筆者による注釈は［　］内に示している。

（4）出典表記については、原則的に［　］内に書名・論文名を表記している。ただし、文脈に応じて、刊行年の表記を記載している場合がある。書誌情報の詳細は、巻末の参考文献欄を参照されたい。

（5）図表の出典については、原則的に巻末の図表出典一覧に記載している。

プロローグ
「格差と教養」の時代

映画『キューポラのある街』
(1962 年)ポスター

『キューポラのある街』

一九六二年四月、映画『キューポラのある街』(浦山桐郎監督、日活)が公開された。鋳物工場が集まる川口市(埼玉県)を舞台とし、中学卒業後の進路や貧しさに悩む主人公ジュンの姿を描く作品である。主演の吉永小百合をスター女優に押し上げたことでも知られている。

鋳物職人の娘・ジュンは、中学三年で高校受験を控えていた。成績は抜群に優秀で、県下トップの進学校も十分にねらえる位置にあった。しかし、父親が工場を解雇されたことで、高校進学は絶望的になる。父親はなけなしの退職金をギャンブルですってしまい、運よく再就職できた工場も半月で投げ出してしまった。やけ酒をあおっては家族に当たり散らすことが日常となり、家庭の空気はじつに荒んだものとなった。進学の望みが断たれたジュンは自暴自棄に陥り、修学旅行もすっぽかしてしまう。

しかし、川口を離れることになった友人の言葉がきっかけとなり、ジュンは気持ちを切り替え、働きながら定時制に進むことを決意する。折しも、父親が元の工場に復職できることになり、両親は全日制の進学校への進学を勧めるが、ジュンは決意を次のように語っている――

「だけど母ちゃん、昼間〔=全日制〕にはないような凄く頑張り屋でいかす人がいるわよ。それにね、これは家のためっていうんじゃなくて、自分のためなの。たとえ勉強する時間は少なくても、働くことが別の意味の勉強になると思うの。いろんなこと、社会のことや何だとか」。

そこには、格差や貧困に喘ぎながらも「実利を超越した勉学」を追い求めようとする価値規範が浮かび上がる。全日制への進学が可能になったにもかかわらず定時制を選び取ったのは、「いろんなこと、社会のことや何だとか」を深く追求しようとする意志によるものであった。「いい大学」「いい会社」に進むための勉強ではなく、あくまで人生や社会を掘り下げて思考しようとする姿勢を、読み取ることができよう。

この映画は同年度のキネマ旬報ベストテン第二位、映画評論ベストテン第一位を獲得するなど、高い評価を得た。さらに同年一一月には、フジテレビ（火曜劇場）でもドラマ化された。この物語に対する社会的な共感の大きさを垣間見ることができる。

「実利を超えた教養」への共感

だが、今日の日本社会で同様の主題の映画が作られたとして、はたして同じような評価や興行成績を得ることができるだろうか。「実利を超えた何か」を追求すべく、働きながら定時制高校に進学しようとする少女の物語は、現代においてどれほど涙されるものになり得るだろうか。『キューポラのある街』に描かれたような貧困や格差、雇用の不安定は、現代にも広く見られるものである。高等教育の無償化も、社会的な論点となっている。しかし、「さまざまな困難を乗り越えて、働きながら学び、実利を超えた何かを追求する」ことが、劇映画やテレビドラマの主題となり、感動を呼ぶ状況は、今日では想像しがたい。ちなみに、いくつかの大学の授業のなかで筆者がこの映画を取り上げた際にも、「さほど面白いと思えなかった」という感想が大多数であり、「実利を超越した勉学・教養」という主題については、「共感できた」という回答は皆無だった。

こう考えると、かつて広がりを見せていた大衆教養主義がなぜ衰退したのか、という問いが浮かび上がる。教養主義とは、「読書を通じた人格陶冶」の規範を指す。大正期から一九六〇年代にかけて、旧制高校・大学キャンパスでは、文学・思想・哲学等の読書を通して人格を磨かなければならないという価値観が広く共有されていた。古今東西の古典を集めた岩波文庫が学生たちに読まれたのも、そのゆえであった。これは試験でいい点を取ったり、よい就職先にありつくことを目的とするものではなかった。

だが、教養主義は決して学歴エリートの専有物だったわけではない。大学はおろか高校にも進めなかった勤労青年たちのあいだにも、「読書や勉学を通じて真実を模索し、人格を磨かなければならない」という価値観は少なからず広がっていた。読書や内省、社会批判を主題とした人生雑誌(『葦』『人生手帖』など)が勤労青年たちに読まれたのも、そのゆえである(『「働く青年」と教養の戦後史』）。「家のためっていうんじゃなくて、自分のため」に定時制進学を決意したジュンの姿にも、同様のものを読み取ることができる。さらに言えば、映画のなかでこうしたテーマが選び取られ、社会的に好評を博したところに、大衆教養主義が広く支持されていた状況を見出すことができよう。

しかし、今日では「実利を超越した読書・教養」といったものは、ポピュラー文化ではもちろんのこと、教育に関する議論においても、ほとんどふれられることはない。教育をめぐる経済格差や高等教育の無償化はしばしば論じられるが、多くの場合、そこで念頭に置かれているのは、社会上昇の問題である。上級学校進学の希望が阻まれることで、就職や雇用形態が制限され、階層上昇が困難になってしまう。こうした状況をどう改善していくのかが、そこでの論点である。これが喫緊の課題であることは言うを俟たない。だが、格差や貧困が社会問題になっていた点では、『キューポラのある街』の時代も同様である。当時は高度経済成長期の前半期にあたりながらも、家計困難のゆえに高校進学が叶わない青年は少なくなかった。では、かつて、教養主義的な価値観はなぜ、映画のようなポピュラー文化においても広く共有されていたのか。そして、それが消失したのはいつ、なぜだったのか。

勤労青年をめぐる往時の資料を眺めていると、大衆教養主義的な価値観を目にすることが少なくない。石川県内灘村青年団の機関誌『砂丘』第二号(一九四七年五月)には、「選挙の民主化」「民主主義と先入観」「女性と読書」「文化運動への期待」といった団員の論説が収められている。また、松本市のある青年団員は「私の云ひたいことは良書を多く読むことによつて、自分の人間性を養ふことだと思ひます」「人生を卑屈に見ることなく、良い社会を作り私達が明るく暮せる様にするためにお互にもつと〳〵勉強すべきだと思ひます」と語っていた(『葦』一九五一年早春号)。戦後の比較的早い時期には、上級学校に進めない青年層を対象に青年学級という社会教育施設が各地で設けられたが、そこでは文学作品の輪読や時事問題の討論が行われることも、珍しくなかった。

他方で、家計困難のゆえに全日制高校に進めなかった青年たちのなかには、工場や商店等で働きながら定時制高校に通う者が多く見られた。だが、彼らの通学目的は高卒学歴の取得というよりは、幅広い教養を身につけることにあった。神奈川県立教育研究所が定時制高校生を対象に一九六〇年に実施した調査では、「高校卒の資格を得る」ことを就学目的として挙げた者が一八・七パーセントだったのに対し、「できるだけ教養を高める」を挙げた者は五三・六パーセントにのぼった。また、「学習内容に対する生徒の希望」についても、「仕事のことから離れてもよいから、一般教養（教科を含む）を高めるようなもの」と回答した者は、三三・九パーセントを占めていた〔『定時制高等学校生徒の生活意識に関する研究』〕。むろん、彼らのなかでは、高卒学歴を取得したいという希望も小さかったわけではないだろうが、少なくとも学歴取得や職業的な実利とは一線を画する「教養」を求める心性が、そこには透けて見える（表0―1）。

もっとも、勤労青年たちが教養主義的なものにふれる機会は、青年団や青年学級、定時制などに限られるものでもなかった。『葦』『人生手帖』のような人生雑誌では、哲学・文学・社会科学に関する読書案内や知識人の論説が読まれるなど、教養主義的な色彩が色濃く見られた。それらの雑誌を手に取ったのは、学校に行きたくても行けない勤労青年や、働きながら定時制などに通う青年たちであった〔『「働く青年」と教養の戦後史』〕。

では、こうした勤労青年の教養文化は、いかなる社会背景のもとで盛り上がりを見せたのか。そして、いつ、なにゆえに衰退するに至ったのか。また、その盛衰のプロセスも、おそらくはさまざまだったのではないだろうか。後述するように、青年団や青年学級は、

表0-1　定時制高校への就学目的（1960年）

進学動機	比率（%）
できるだけ教養を高める	53.6
高校卒の資格を得る	18.7
よい友達を得る	3.3
全日制に通う友達に恥ずかしい	0.7
高校という学園の雰囲気を求めて	9.2
人にすすめられて	1.2
職場から解放されようと思って	4.9
その他	3.7
無回答	4.7

農村部で広がりを見せていたのに対し、総じて定時制高校は、集団就職などで都市部で働く青年たちが多く通っていた。だとすれば、戦後の農村社会のありようや、都市部への人口移動、労働状況の相違等々が、農村部・都市部それぞれの教養文化をどう規定していたのか。また、人生雑誌はあくまで雑誌メディアであったがゆえに、定時制や青年団のように人々が実際に集う場を必要としなかったわけだが、そのことが勤労青年の教養文化をどのように下支えしたのか。

本書は、こうした問題意識を念頭に置きながら、戦後日本における勤労青年の教養文化の盛衰プロセスとその社会的な力学について、検討していく。

「まじめな勤労青年」の不可視化

これらの問いは、従来の研究ではあまり顧みられることがなかった。教育史や社会教育研究、戦後史研究においても、勤労青年の教育・教養文化史を包括的に扱ったものはきわめて少ない。

戦前期の青年団史を扱ったものとしては、平山和彦『青年集団史研究序説』(一九七八年)などがあるが、戦後青年団史を検討したものは皆無に近い。そのなかで、北河賢三『戦後の出発』(二〇〇〇年)は、戦後初期の青年団の成立プロセスと彼らの社会批判への関心を詳述している。しかし、戦後青年団の草創期に重きが置かれており、その後の盛衰プロセスや青年学級の動向に軸足が置かれているわけではない。

定時制高校の研究についても、包括的に通史を扱ったものはきわめて少ない。定時制の変遷については、尾形利雄・長田三男『夜間中学・定時制高校の研究』(一九六七年)や板橋文夫・板橋孝幸『勤労青少年教育の終焉』(二〇〇七年)で言及されているほか、片岡栄美や前田崇の一連の研究でも都市部・農村部・中間地域の差異について検討されている。だが、これらを除けば、定時制史を広く実証的に検討したものは皆無に近く、また上記の研究も、定時制高校生が「教養」を志向した背景やその変遷をめぐる社会的なメカニズムに重きが置かれているわけではない。さらに言えば、教育学的な関心がつよいためか、学校としての定時制高校の制度史や機能に関心が向けられる一方、定時制高校生の労働環境や彼らの思考様式については、十分な検討がなされてこなかった。

高校(全日制)や大学に関する研究は、教育学や周辺領域において膨大な蓄積があるが、その分、上級学校に進めなかったノンエリートの存在が見落とされてきた。一九五五年の時点でも、高校進学率が五割でしかなかったことを考えると、彼らと教育・教養の関わりが扱われてこなかったことの意味は大きい。

人生雑誌のような勤労青年のメディアについても、これまでのメディア史研究で議論の俎上にのせられることは皆無に近かった。ジャーナリズムや総合雑誌のような「上流文化」、もしくは若者雑誌やポピュラー・カルチャーといった「大衆文化」の研究には厚いものがあるが、その分、「まじめな勤労青年」のメディア文化については、見落とされがちだった。拙著『「働く青年」と教養の戦後史』(二〇一七年)は、人生雑誌の戦後史に焦点を当てたものではあるが、青年団や定時制高校等も見渡したうえで、大衆教養文化のなかでどのような位置にあるのかについては、検討できていなかった。

「格差と教養」という論点も、あまり顧みられることはなかった。主として平成後期以降、格差や貧困をめぐる研究が量産されるようになり、戦後史の射程のなかでこれらを論じるものも多く出された。しかし、計量的な分析に基づく階層格差や階層間移動については多く蓄積がなされる一方で、不条理な格差に喘ぐ人々の文化的な営みについては見落とされがちだった。上級学校への進学が叶わなかった勤労青年たちは、単に格差や貧困に押さえつけられていたのではない。それらの不条理を生み出す社会構造を把握しようとしたり、それに抗うかのように人文社会系の読書を求めることも、しばしば見られた。ときに格差が、彼らを教養へと駆り立てていたのである。では、かつてはなぜ格差と教養が接合し得たのか。こうした状況は、いつ、どのようにして消え失せたのか。

勤労青年の教養文化史をあぶり出すことは、戦後史研究の欠落を埋めるばかりではなく、今日の知や教養のあり方を問うものでもある。『キューポラのある街』に限らず、青年団や定時制、人生雑誌など、さまざまな場において、勤労青年たちが文学や読書、教養に重きを置いていたことは、人文社会系の知が知識人のみならず、大衆層にも支えられていたことを指し示す。教養主義が学歴エリートに閉じていなかった証左である。

そこでは少なくとも、知的な議論や史実・事実をふまえて思考しなければならないという価値規範が見られた。ノンエリート層の間でも、一定の「知的なもの」を吸収し、独善的ではない「公的な議論」を編み出そうとする思考がそれなりにあったことは、見落とされるべきではない。実態として「知的なもの」の吸収がどれだけ見られたのかはさておき、規範としてこれらの論点がある程度共有されていたことは重要である。

しかしながら、現在はそうした状況にはない。「たとえ学歴はなくとも、文学や社会科学にふれなければならない」という意識は、社会的に共有されているわけではない。むろん、「格差と学歴」という問題は多く論じられており、二〇一九年五月には、低所得者層の「高等教育無償化」法案が国会で可決された。しかし、そこでは学歴取得による社会上昇と職業選択の幅の拡大が意図されてはいるものの、「知や教養への渇望をいかに充足させるか」ということが念頭に置かれているわけではない。格差の問題は、現在のみならず「キューポラの時代」でも共有されていたが、勤労青年らが人文社会系の知を下支えする状況は、今日の日本社会に見出すことは難しい。

さらに言えば、本書の問いは「フェイク・ニュース」「ポスト真実」が多く言われる現状を捉え返すことにもつながるだろう。SNSの普及により、誰もが情報発信できるようになり、根拠を欠いた言説や思い込みの類も、ネット空間で多く出回るようになっている。そこでは、「人々の生や社会のあり方を、目に見える範囲を超えて、かつ根拠に基づいて、深く、多角的に考察しなければならない」という意識は見えにくい。むろん、「教養」がこれらを解決することはないにしても、自らの知識や理解が十全でないことを認めたうえで、それらを高める努力をしなければならないという謙虚さの有無は、「フェイク」の流布と無縁ではないだろう。

本書はこれらを念頭に置きつつ、戦後の勤労青年の文化史を素描し、大衆教養主義ひいては「格差と教養」の関係性がいかに変容していったのかを明らかにしていきたい。

第1章
敗戦と農村の教養共同体
青年団と読書の希求

吉野谷村青年団機関誌『理想郷』
創刊号(1946年6月)

1　敗戦と青年団

農村青年の悔恨と社会批判

一九四五年八月、日本はポツダム宣言を受諾し、敗戦を受け入れた。出征兵士たちは続々と復員したが、都市部には彼らの居場所はなかった。

東京、大阪、横浜のような大都市のみならず、地方都市も、度重なる空襲のために焼け野原となっていた。多くの工場は焼失し、加えて、終戦に伴い軍需工場の操業が止まり、街には失業者があふれた。

交通インフラも破壊されており、物流は滞っていた。それは必然的に、食糧不足を導いた。記録的な冷害も、食糧事情を悪化させた。仙台の七月の平均気温は例年より四度近く低い一八・五度にとどまるなど、東北地方では七月下旬でも「朝夕はどてらが欲しい程の寒さ」だった〔『読売報知』一九四五年七月二四日〕。そのことは、農作物の不作に直結した。一九四五年の米の収穫高は、前年比一八パーセント減となり、一九〇九年以来の凶作となった。戦争末期には多くの農村青年が軍隊や軍需工場に動員されたため、農業生産性も大きく低下していた。都市に行き渡る食糧は、当然ながら限られた量でしかなかった。

こうした状況のなか、復員兵を含む多くの青年たちが、農村に帰郷した。終戦時の在外日本人は、シベリア抑留者等を除いても六〇〇万人に及んだが、その多くが農村に押し寄せることとなった〔『集団就職の時代』〕。兵士たちの圧倒的大多数は農村の出身だったので、彼らが都市に留まらずに、農村に流れ込むのは必然であった。長野県の青年層の人口は、復員によって戦時期の二倍から三倍に膨れ上がったという〔『長野県青年団運動史』〕。

軍隊や軍需工場から農村に戻った青年たちの胸に去来したのは、戦時の日本社会への疑念であった。フィリピンや沖縄での激戦を経験した元航空兵は、かつて海軍飛行予科練習生（予科練）時代に、上官による凄惨な暴力を受けていたことを回想しつつ、こう述べている——「神国、八紘一宇、東洋平和、聖戦、鬼畜米英、少年の時から教えこまれてきたものが、すべて偽わりだつたのか」〔「生き残った青年の手記」〕。

復員者への国民の態度も冷淡だった。のちに山形県青年団協議会事務局長や日本青年団協議会副会長を務める寒河江(さがえ)善秋(よしあき)は、南方戦線より故郷に帰る途中、「いたる所で侮蔑的なまなざしに逢」い、中には「憎々しげに、罵声を浴びせるもの」もあったという〔『村の青年団』〕。また、元特攻隊員らに対し、近隣の群衆が「お前たちがもっと一生懸命、戦闘をしなかったから負けたのだ」と罵声を浴びせ、石を投げつけたこともあった〔「石もて打たれし終戦時の思い出」〕。

これらの体験や情念は、戦後社会に対する批判的な関心を導くこととなった。先の予科練出身の元航空兵は、戦後七年を経て記した文章のなかで、次のように述べている。

復員して来て五年たつた。まだ、あの裏切られた青春の傷は癒えはしない。死んでいつた多くの友のことを思うとき、生き残つた自分の心は烈しく痛む。今僕の出来ることは、そして死んでいつた友人たちのいのちを無駄にしないためには、二度とあのような死に若者たちを追いこまぬため、再軍備に反対することだ。平和だ。平和こそ、唯一のものだ。

[「生き残った青年の手記」]

戦争をめぐる悔恨や生き残ってしまった自責、死者の無念といった心情が起点となって、政治・社会への批判的な関心が導かれていたのである。

こうした戦争の記憶は、自己のありようを問うことにもつながった。ある青年は、雑誌『葦』(一九五四年六月号)に寄せた文章のなかで、「且つて僕達は誤まつた戦争の中で、かけがえのない青春を虚しい灰色で塗りつぶしてしまつた。誤まちは繰返されてはならない。僕達は僕達自身の眼と体で、真実を見極めて行きたい」と述べている。

農村に戻った青年たちのあいだでは、「あの裏切られた青春の傷」に端を発する形で、戦時・戦後の社会に対する批判的な関心や、自己のありようを問う姿勢が少なからず見られた。

そのことは、読書や教養、人文社会科学に対する勤労青年の関心につながり、彼らが集う場がさまざまに生み出されていった。

人文知への関心の高まり

松本市の神田塾は、その好例であろう。市立神田塾は一九四六年四月に創設された成人学級で、のちに『あゝ野麦峠』(一九六八年)を著した山本茂實が主幹を務めた。そこでは、「哲学概論」「文学概論」「デモクラシーの歴史」など、人文社会科学の色彩のつよい講座が多く行われ、最盛期には塾生は三〇〇名を上回った〔『全国一の学校と』〕。しかし、決して高学歴層が集ったわけではない。塾生名簿(松本市歴史の里所蔵)に掲載されている塾生一七四名のうち、大半は農民や工員であり、最終学歴が高等小学校以下の者が九割を占めていた〔『神田塾資料』〕。

そこには、神田塾の前身が青年学校であったことも関わっている。青年学校は、青年訓練所と実業補習学校を統合する形で、一九三五年に発足した。そこでは、旧制中学などの上級学校に進めない勤労青年層を対象に、基礎的な学科知識や教養、職業知識のほか、軍事教練が施された。一九三九年には普通科(二年)・本科(五年)が義務制(男子)となり、尋常小学校や高等小学校より上に進めなかった青少年たちに教育機会を提供するはずであった。しかし、日中戦争が泥沼化し、対米英戦の終結も見えなくなるなか、青年学校は実質的に軍事教練や勤労動員の場

表 1-1　松本市立神田塾の講座と担当講師(1946 年ごろ)

講座	講師
哲学概論	松本高等学校教授
文学概論	松本高等学校教授
歴史と哲学	原田伴彦(歴史学者)
現代文学史	高橋玄一郎(文芸評論家)
人類解放の歴史	妹尾義郎(宗教家)
女性解放の歴史	平山泰(松本市長)
デモクラシーの歴史	田中清長(市高校長)
芸術と生活	石井柏亭(疎開画家)
唯物史観講話	雑誌『潮流』編集長
文化国家と青年運動	下條寛一(市総務部長)
われら如何に生きるか	山本茂實(神田塾主幹)

となった。

それでも松本青年学校では、戦争末期であっても人文科学的な授業が多少は行われていた。一九四五年初頭に松本青年学校の代用教員として採用された山本茂實は、小学校を出たばかりの勤労少年たちの夜間学級を受け持ったが、そこでは菊池寛『恩讐の彼方に』や国木田独歩『非凡なる凡人』などを題材にして、修身・哲学などを講じていた〔『「あゝ野麦峠」と山本茂実』〕。

山本は小学校時代に学業が飛びぬけて優秀だったにもかかわらず、家計の事情で中等学校に進むことができず、農業や行商のかたわら、松本青年学校の前身の松本青年訓練所で学んだ。青年訓練所は、第一次大戦後の軍縮に伴い四個師団が削減されるなか(宇垣軍縮、一九二五年)、上級学校に進学しない勤労青少年に軍事教練を施す場として、陸軍主導で創設された(一九二六年)。しかし、松本青年訓練所では信濃教育会の働きかけもあって、古典から近代文学、法制経済まで、人文社会科学が広く講じられていた。山本は文学や哲学につよい関心を抱き、成績もつねに優秀であった。

もっとも、山本は一九三七年に徴兵されると軍務にも精励し、近衛歩兵第三連隊に入隊後一年にして伍長勤務上等兵となるなど、異例の早さで昇進した。しかし、中国戦線に送られたのちに肺結核を患い、生死が危ぶまれると、療養所で文学・思想の読書と思索に耽り、内省的な傾向を強めた。松本青年学校での授業においても、これらの体験が投影されていた。

図1-1　神田塾塾生と山本茂實（前列左から６人め）

こうした流れを受けつつ、終戦後、松本青年学校研究科を改組して立ち上げられたのが、市立神田塾であった。そこでは、青年学校の軍国主義的なイメージを払拭することも念頭に置かれていたが、農村青年たちにとって、それは新たな価値観や生き方を汲み取る場となった。その背景について、松本市に復員したある青年は、こう述懐している――「航空兵学校の服を着て復員してきたが、落ち着くに従い周囲を見廻しても、世の中が百八十度の転換でどうしてよいかわからなかった。デモクラシーとか、民主主義というが、なんのことやらさっぱりわからない。これではいけない、新しいことを勉強したい。とに角なにかやらねばいられないと思った」(『全国一の学校と』)。

青年団と大衆教養主義

こうした動向が見られたのは、神田塾だけではない。むしろ、全国各地の青年団においても、読書や教養への関心が多く見られた。南方戦線から復員後、山形県吉島村の青年団長を務めた寒河江善秋は、団員の読書欲の高まりを受けて、青年団図書室を創設した(『村の青年団』)。鹿児島県内のある青年団では、早稲田大学卒の復員中尉を講師に招いて民主主義について議論が行われた。「百八十度の価値観の転換に議論百出で活発な討論が巻きおこった」という(『やくざ踊り』)。先の神田塾にしても、主幹の山本茂實は松本市鎌田連合青年団の団長を務めており、神田塾には青年団幹部が多く集っていた。

青年団(会)は、村落地域の青年たち(おおよそ一五歳から二五歳もしくは三〇歳程度)が集まり、種々の活動を営む集団であり、中世の若者組にさかのぼることができる。酒を飲み、博打を打つこともあった一方で、夜警や消火作業、地域祭礼の運営に当たっていたのが、若者組だった。しかし、明治以降になると、義務教育以上に進めなかった青年たちが夜学会をつくって勉学に励んだり、自由民権運動や大正デモクラシーが高揚するなか、討論会や演説会を行うべく、地域の青年団(会)を自主的に組織するようになった。もっとも、勉学や読書、政治・社会への関心ばかりではなく、村祭りの運営や村有林の植林・伐採、出征兵士の壮行会なども、青年団は担っていた。

国家統制とも無縁ではなかった。一九一五年には内務・文部両省が青年団統制に関する訓令・通牒を出している。一九二五年には全国組織として大日本連合青年団が発足したが、国家総動員法が制定された翌年の一九三九年には、団長に有馬良橘(りょうきつ)海軍大将を迎えた国家統制団体として、大日本青年団へと改組された。その後、高度国防国家体制建設という国家の要請にしたがって、大日本連合女子青年団、大日本少年団連盟、帝国少年団協会と統合され(大日本青少年団)、一九四二年には閣議決定に基づき、大政翼賛会の傘下に入った。必然的に、その活動も、農村や軍需工場への勤労奉仕、慰問袋の発送、空閑地の開墾などが主なものとなった。だが、戦争最末期になると、全国組織自体が機能不全に陥り、本土決戦に備えるという名目で、大日本青少年団は解散されるに至った。

図 1–2　青年団での共同学習(1955年)

戦後の青年団は、こうした戦時のありようへの疑念や戦争体験をめぐる複雑な情念を起点に、半ば自然発生的に生まれたのである。『福井県連合青年団史』(一九六三年)にも、終戦間もない時期に「おい日本はどうなるんやろな」「うららもわからんなあ」「そんな事でどうするんにや、これから外地よりいっぺいうららの仲間が帰ってくるんにやぞ。しっかりせにやならんの」といった会話のなかから、県内各地に青年団が創設されたことが記されている。

とはいえ、終戦間もない時期には、青年団を統制しようとする動きも見られた。文部省は次官通牒「青少年団体ノ設置並ニ育成ニ関スル件」(一九四五年九月二五日)を出しているが、そこでは「純然タル民間団体トシテ運営スルコト」とある一方で、「顧問ニハ町村長、学校教職員、宗教家、各種団体長其ノ他町村有識者等ヲ依嘱スルコト」「国体護持ノ精神ノ昂揚ヲ図ルコト」とされていた。そのためか、戦後の民主主義体制に批判的で、戦前回帰を望むかのような動きも、青年団の周辺では見られた。静岡県初倉村青年団の団報『暁鐘』(第二号、一九四七年四月)には、「個人主義は利己主義となり、自由平等は放縦勝手となり、民主主義は衆愚に終り、家庭も社会も国家も平和は破れて混乱状態に堕るは見易い理である」と記した地域支配層(農業会長)の文章が収められていた。

しかしながら、そうした村落ボスたちに公然と異を唱えることが可能になっていた点は重要である。『暁鐘』(第二号)には、「徹底した敗北を喫し、我々は骨髄に徹して体験した筈であったにもかゝわらず、未だに徹底的な敗北感を持たぬのみか、旧体制の維持温存の中に自らの安泰を計らうと企てゝ怪まぬ者が、日本人の中に少なからず存在する事は不思議であると云はなければならぬ」と記した団員の投稿も掲載されていた。

寒河江善秋も、旧世代への反感と青年団の結びつきについて、以下のように述べている。

何度も書くようだが、敗れたとはいえ人間として極限ともいうべき惨苦を味わい、生命を賭して守ろうとした祖国が、こんなにも醜悪みるに耐えないものであったのか……。そして、幼い日、愛とか、信義とか、正義とかについて、おごそかに教えてくれた尊敬すべき人々が、まるで人が変わったように、あさましい生き方をしているのを現実にみるにつれて、青年がおちこんだ深淵のような虚脱と絶望が、やがて、大人に対する不信と憎悪の感情に変わっていったとしても、不思議とすべきではない。

敗戦の日を境にして、がらりと態度を変え、生きのびるためには、街頭の道化師のように浅ましい所業をした幾人かの上級指揮官に対する憤りを、そのまま日本に持ちかえり、どすぐろい固まりとなって胸の中に鬱積していたのが、青年団という格好の捌け口をみつけ、一挙に噴出したと形容すべきかもしれない。〔『村の青年団』〕

戦後の少なからぬ青年団は、旧世代の支配層に対する「どすぐろい固まり」のような憎悪を内包しながら発足したのである。

必然的に、青年団への年長者の関与は、戦前期に比べれば限定的になった。戦前期であれば

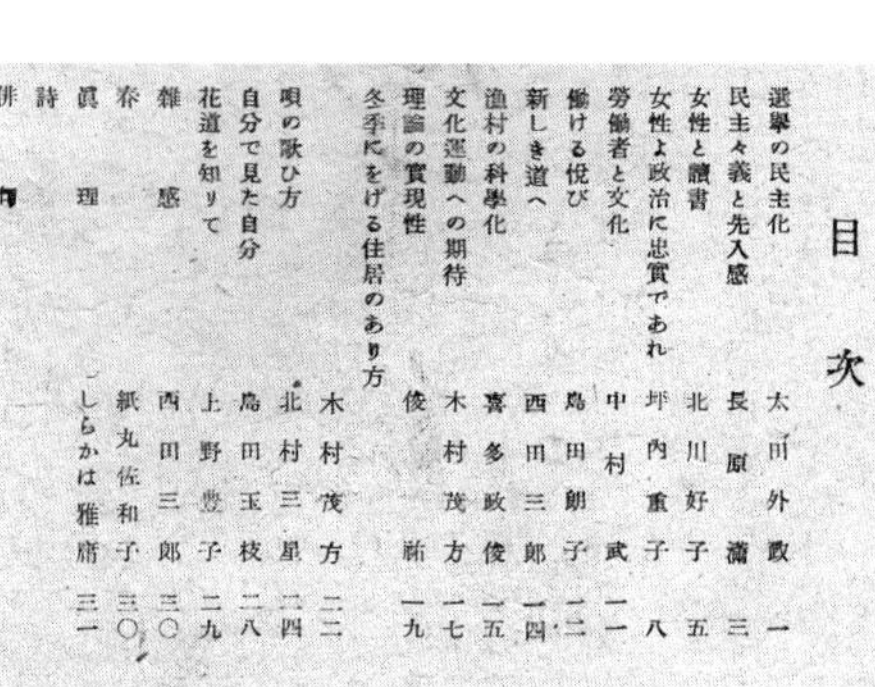
目次

図 1–3　内灘村青年団機関誌(『砂丘』1947 年 5 月)目次

「青年団体ノ指導者ハ小学校長又ハ市町村其ノ他名望アル者」(内務・文部両省次官通牒「青年団体ニ関スル件」一九一五年九月一五日)すなわち、地方名士が青年団の統制にあたっていたが、戦後は団員は一五歳から二五歳程度(地域によっては三〇歳程度)の青年層で構成され、役員も彼らの中から選ばれるようになった。

こうした青年団が続々と生まれるなか、一九四六年二月には都道府県レベルで初の連合組織として、長野県連合青年団が結成された。以後、他府県でも同様の動きが相次ぎ、一九五一年五月に全国組織として、日本青年団協議会が発足した(『地域青年運動50年史』)。

各地の青年団は、村落の祭礼補助や花見・運動会といった催しに携わる一方、読書や教養、社会問題への関心を議論する場となっていった。石川県内灘村青年団の機関誌『砂丘』(第二号、一九四七年五月)には「選挙の民主化」「民主主義と先入観」「女性と読書」「文化運動への期待」といった団員の論説が収められていた。岐阜県長島青年団機関誌『おさしま』(創刊号、一九五四年)では、ある団員が「あの呪わしい戦争をひき起し平和な日本の国を破滅におとし入れたのは一体誰なのでしょうか。その生々しい悲惨な記憶も忘れ難い」として年長世代を批判しつつ、「社会の複雑微妙な矛盾と人間の醜い裏面」への憤激や「なんでも物事を究明せずにおられぬ青年の心理」を記していた。戦後初期の青年団は、戦争をめぐる鬱屈や年長者への反感に根ざしながら、農村における読書や討議の文化を担っていたのである。

「やくざ踊り」のデモクラシー

とはいえ、青年団をはじめとする農村青年の集まりにおいて、戦後の最初期から読書文化が根付いていていたわけではなかった。むしろ当初、際立っていたのは「やくざ踊り」と呼ばれた素人演劇であった。これは主として、やくざの親分の国定忠治や清水次郎長、武家からやくざの用心棒に零落した剣豪・平手造酒(みき)などを主人公にした任侠劇で、全国各地の青年団で広く行われていた。『栃木県連合青年団十五年史』(一九六一年)では、終戦に伴う「虚脱感と解放感」や「これまで耐え忍んできたどん底生活の不満と戦争への憎悪」が背景となって「やくざ踊り」が流行したことを、以下のように綴っている――「軍隊生活の余暇に覚えてきたものだろう、「またたびもの」のしろうと芝居や踊りが、若者たちの心をとらえて、燎原の火のように流行しはじめた。「青年しろうと演芸会」が、きょうもあすもと、部落から部落へ波及していった。

娯楽に飢えていた青年たちは、一時に解放されて、このしろうと演芸会や盆踊り、お祭りばやしなどにとびついていったのであった」。

これらの素人芝居の流行は、地域の年長者やインテリ層からしばしば不快の目で見られていた。青年たちは芝居を行うだけではなく、その興行で金を集めて、大酒を浴びるように飲むことを繰り返していた。したがって、「青年会〔団〕の人だ、酒などばかり呑んでいる」「不良くさえ」という反感もしばしば見られた〔『明日を作る青年たち』〕。三上慶子『谷間の学校』(一九五五年)でも、熊本の山村に勤める教師が、「やくざ者のハラキリ芝居」で花代を稼ごうとする青年たちと対立していたさまが記録されている。

ただ、一部で不快感がありながらも、「やくざ踊り」をはじめとした青年団の素人芝居は、村落で熱狂的に受け入れられた。長野県南小川村の元青年団員は、当時をこう回想している。

> 戦後の混乱期には兎に角青年団を創らうという単純な気持でパット出来てしまった。その表れが素人芸能祭にあったと思う。あの時の盛況は将に恐るべきでした。講堂はぎっしり窓には人が鈴なり四方八方顔々々と言った有様でした。あの頃は一つ一つが華やかであったと言えるね。〔『南小川青年団沿革史』〕

「やくざ踊り」の回想録を集めた『やくざ踊り』(一九七八年)においても、編者の高木護は「ときに一〇代か二〇代であった者たちのほとんどが、踊り手か裏方をつとめ、器用不器用とはいわず熱中したものである」と当時を回想していた。

その背景には、終戦直後の娯楽への飢えがあったことは想像に難くない。戦時期には映画や歌謡は軍国的な色彩が色濃かったうえに、戦況が悪化するにつれ、それらの娯楽は抑え込まれる傾向にあった。その反動で、人々は憂さ晴らしや笑いを求めた。しかし、農村においては、映画館に出向くのも容易ではなく、旅回りの芝居すら滅多に観られない村も少なくなかった。「やくざ踊り」は、農村における娯楽への渇きをいやすものであった。『福井県連合青年団史』(一九六三年)は、こうした背景を次のように記している。

図 1-4 「やくざ踊り」に興じる青年たち(1946年ごろ)

郷土また祖国の再建は慰安からとあちこちに演芸会が流行しだした。戦時中娯楽面については禁止または自粛させられていたが、敗戦の解放感とともに沈滞しきった町村には久しぶりに笑い声が聞かれるようになった。内容は股旅もの、やくざ踊りが多く、軍国調は非常に減って軍国劇があっても敗戦物語りであった。どこもかしこも満員で町村の老人も子どもも顔を見合わせて若者たちに笑みを送ったのであった。この演芸会は人々に非常によろこばれ、大人も子どももそれのみが楽しみのようになり、遠い所までも見に行き、だんだん舞台も派手になっていった。この現象はほとんど全県下共通のものであったと思われる。〔……〕当時この演芸会は青年団の独壇場であって、この事がすさんだ世相を非常に明るくしていったのであった。

もっとも、こうした娯楽への耽溺は、戦争体験につきまとう鬱屈の裏返しでもあった。終戦直後の時期に山形県社会教育協会に勤務していた片岡潔は「当時の青年は復員軍人が主流で、戦地で覚えたヤクザ踊りや、見るにたえない卑猥な村芝居で花代を稼ぎ、ドブロクを飲んで、やる方ない憤懣を爆発させていた」と回想している〔『村の青年団』〕。先の高木護編『やくざ踊り』のなかでも、「軍隊にとられ生きのびた者たちも復員してきた。村からも「ああ、あの人がな……」というように戦死者が出た。唄や踊りにうつつをぬかすことで、戦争の悪夢を忘れようとしているかのようだった。唄や踊りをしんからたのしむだけの余裕はとてもなかったろうから、じっと耐え、堪えてきたもやもやの鬱憤を晴らそうとでもしているかのようでもあった」と書かれている。娯楽への渇望と戦争体験や死者をめぐる鬱屈とがないまぜになって、

「やくざ踊り」は各地の青年集団に広がっていったのである。

そこでは同時に、農村青年自らが表現主体となることも意図されていた。青森県悪戸地区の青年団で文化部長を務めた成田泰光は、疎開していたロシア文学者や俳優を招いて文学講座や演劇講座を開催したことを回想しながら、以下のように述べている。

> ［青年団の］団員にとって演劇の上演は生れてはじめてのことであった。今まで演劇は職業俳優によって独占されていた。村の人達は旅廻りの芝居すら見たことが無かった。今度はそれを自作自演し、同じ農民大衆に見て貰うのである。それは敗戦がもたらした一つの転機であり、芽生えである。この自覚の下に皆は熱意に溢れて台詞を暗記し、演技を練習した。［『やくざ踊り』］

青年たちにとって「やくざ踊り」の上演は、職業俳優による独占から演劇を奪取し、自らが表現の主体となることを含意していた。識者を招いて、文学や演劇そのものを学ぼうとしたのも、そうした意図のあらわれだった。長野県連合青年団機関紙『信州青年』（第六号、一九四六年一一月一日）の論説「演劇と青年団」でも、青年たちの思いが、次のように説明されている。

昨年、終戦と同時に戦場から職場から放り出された青年たちの間に熱狂的に演じられ、夜も昼も忘れた演劇の事は何人も覚えていることであろう。何も終戦になったからのみではなく、我々の奥にひそむ発表欲がならしめたのではなかろうか。変革期に於いて混迷からの逃避と圧制からくる自由への反動とが斯くも我々の演劇熱を盛んにしたのであろう。

〔『長野県青年団運動史』〕

この論説ではさらに、「私たちは何のために芝居をやるのか」という問いと「我々青年団員は何のために団を構成して活発な事業を行っているのか」という問いを重ね合わせながら、「民主日本建設の先駆者にならねばならない」と綴られている。「やくざ踊り」をはじめとする農村青年の芝居ブームは、「我々の奥にひそむ発表欲」につき動かされつつ、あるべきデモクラシーを模索するものであったのである。そこには、青年団における教養・読書、社会批判への関心と重なり合うものがあった。

青年学級の誕生

とはいえ、「やくざ踊り」のブームも、一九四八年にもなると全国的に下火になった。敗戦後の全国的な食糧難は、一時的な農村景気をもたらし、GHQ主導の農地改革は不遇に喘いでいた小作層に期待感を抱かせた。「やくざ踊り」が流行ったのは、そうした時期であった。しかし、一九四六年の食糧緊急措置令から一九四八年の食糧確保臨時措置法に至る一連の食糧政策によって、農村では自分たちの食糧を削るほどの供出が強いられた。

こうしたなか、芝居や演芸に興じる青年たちへの風当たりはきつくなった。「青年会〔団〕の人だ、酒などばかり呑んでいる」「不良くさえ」という批判が目立つようになったのも、そのゆえであった。青年団内部でも、「やくざ踊り」への懐疑が見られるようになった。一九四六年八月に長野県で結成された飯田演劇研究会では、下伊那郡伊賀良青年会の会員が「やくざ踊り」のあり方に批判を投げかけていた〔『長野県青年団運動史』〕。

それに代わって目立ち始めたのが、読書会や夜学会であった。福島県社会教育課に勤務していたある職員は、「〔昭和〕二二年の春さきから、いちじ、県下をふうびした「やくざ芝居」も、いつかその姿を消し、文化講座・夜間学習といったものが、ごく自然に、しかも自発的に実施されるようになっていた」ことを、後年の文章のなかで回想している〔『青年学級のあゆみと展望』〕。山形県でも、青年たちが「やくざ踊り」の文化を批判し、村落の集会所や学校で討論会や講演会が開かれたという〔同書〕。

一九四七年の学制改革の影響も大きかった。義務教育が小学校・中学校の計九年間とされた一方、戦前期には軍事教練の色彩が濃かったとはいえ、まがりなりにも勤労青年の成人教育の場であった青年学校は廃止となった。そこで青年たちは、自ら学ぶ場を組織するようになった。山形県では「新学制の恩恵に浴し得ない青年達」が立ちあがり、「夜学会、塾、学院、修養同志会と呼ばれる学習の会を自から組織し、勉学に努め」るようになった。これに対し、市町村は積極的に支援し、県に県費助成の請願・陳情を行った〔同書〕。

これらは、青年学級という勤労青年教育の場を生み出すことにつながった。青年学級とは、「戦後の混乱のなかにあって青年たちが教養の向上、職業や家事に関する知識や技術の習得をねがい、自発的学習集団としておこしたもの」であった。

図1–5　青年学級の授業風景
（撮影年不詳）

一九五三年に青年学級振興法が施行され、国や都道府県の援助のもと市町村による開設が進められると、青年学級は急速に全国的に広がっていった〔同書〕。

青年学級は、主に小学校や公民館で実施された。学習時間は年間一〇〇時間以上とされたが、開講期間は一年から三、四年まで、さまざまな形態が見られた。総じて夜間開講が多かったが、昼間開講あるいは昼夜並講なども見られたほか、農閑期に重点を置くケースもあった。扱われる内容は、農業等の職業知識や、料理・生け花、体育・レクリエーションのほか、算数・基礎英語・ペン習字のような義務教育課程の補習も織り交ぜられていたが、そればかりではなく「人生問題」「時事問題」「文学」「民主主義講座」といった教養色のつよい講座も多く扱われた。

受講者は一五歳から二〇歳代前半まで幅広かったが、その多くは義務教育以上に進めなかった層であり、青年学級は主として「中学校卒業者のための教育機関」だった。また、学級生の七割が第一次産業従事者であったことからもわかるように、青年学級は農村で広がりを見せた〔同書〕。

青年学級は、振興法に制度的な根拠があるとはいえ、一般の学校組織に比べれば、はるかに柔軟な組織だった。青年学級振興法では、同一市町村の区域内に住所を有する一五人以上の勤労青年は、当該市町村の教育委員会に対し、青年学級の開設を申請できることが定められていた（第六条）。また、「青年学級開設運営要綱」（一九五三年八月）では、「青年学級の開設及び運営に当っては、勤労青年の自主性を尊重しなければならない。その開設及び運営を通じて、勤労青年の意見を尊重し、できるだけその希望にそうようにすると共に勤労青年が自発的に勉学する意欲をそそるような運営をはかる必要がある」とされており、内容面でも勤労青年の意向が一定程度、尊重された〔『青年学級のあゆみと展望』〕。

青年学級が青年たちの自主的な読書会・勉強会に端を発することを考えれば、学級の柔軟な運営が目指されたのは必然であった。山形では、前述のような読書会・勉強会が青年たちの手で作られるなか、県が積極的に財政支援を行い、一九四八年ごろから県内に青年学級が広がっていった。静岡県浜名郡の青年団でも、振興法が施行される以前から、一部の団員たちが読書会を主体とした青年学級を始め、「これまでに味わう事の出来なかつた新しい時代の何ものか」を吸収していた〔『第二回全青研(二)-二』〕。青年学級振興法が成立し、全国的な財政支援や法整備がなされたのも、山形をはじめとする青年学級の盛り上がりを受けてのことであった。青年学級は、戦後初期の農村青年の自主的な読書文化に根差すものであったのである。

そして、これまでの記述からも推測されるとおり、青年学級は青年団と密接に結びついていた。社会教育審議会(一九五五年三月)では、「青年学級は、青年団の活動と緊密な連携を保って、開設され運営されることが好ましい」ことが指摘されているが〔『青年学級のあゆみと展望』〕、実際に青年団と一体化した青年学級は多く見られた。静岡県三倉村の青年学級は、学級生二五〇名中、二〇〇名が青年団員だった〔『第二回全青研(二)-二』〕。鹿児島県高尾野町青年学級の学級生も「青年団がすべての世話をして下さいますので、色々の面で助かつています。いつも青年学級のPTA的な立場で協力し、援助して下さいます」と語っていたし〔「青年学級の喜び」一九五四年〕、神奈川県相川村の青年学級は、青年団と適宜連携しながら、研究発表会、弁論大会などの行事を実施していた〔『農村の青年学級の運営』〕。

さらに言えば、青年学級の活動が青年団の文化活動の一環として組み込まれていることも珍しくなかった。『長野市連合青年団団員研修会資料(第一分科会)』(一九五八年)には、「現在の青年学級はその大部分が青年団によって企画され、又青年団員によって運営されてきた。なお、これは「青年団活動」の一大事業となりつゝあることは言うまでもない」「私達はこゝで青年団と青年学級について大いに研究し討議しよう」と書かれている。

必然的に、青年学級は総じて農村部を中心に広がりを見せた。熊本県では、青年学級生数は郡部に圧倒的に多く、中核都市である熊本市や工業都市である水俣市ではきわめて少なかった[『続・青年学級の歩み』一九五五年]。青年学級は、青年団とも密接に結びつきながら、農村青年の教養文化を下支えしていたのである。

もっとも、一九五三年の青年学級振興法法制化の動きについては、日本青年団協議会は反対の立場をとっていた。法制化されることで国の統制が及び、「青年学級が当初の自由な自主的活動より、市町村の思想善導機関、天下り的社会教育機関になる」ことを懸念してのことだった[『日本青年団協議会二十年史』]。しかしながら、その後、国や自治体による統制が大きな問題になることはなく、結果として法制化に伴い予算確保の見通しが立ったことで、農村を中心に青年学級は広がっていった。一九五五年度には学級数は全国で一万七六〇六、学級生数は一〇九万人に達するなど、一九五〇年代半ばには高揚期を迎えていた[『青年学級のあゆみと展望』]。

ちなみに、おもに都市部の勤労青年が多く通った定時制高校生数は、一九五五年度において

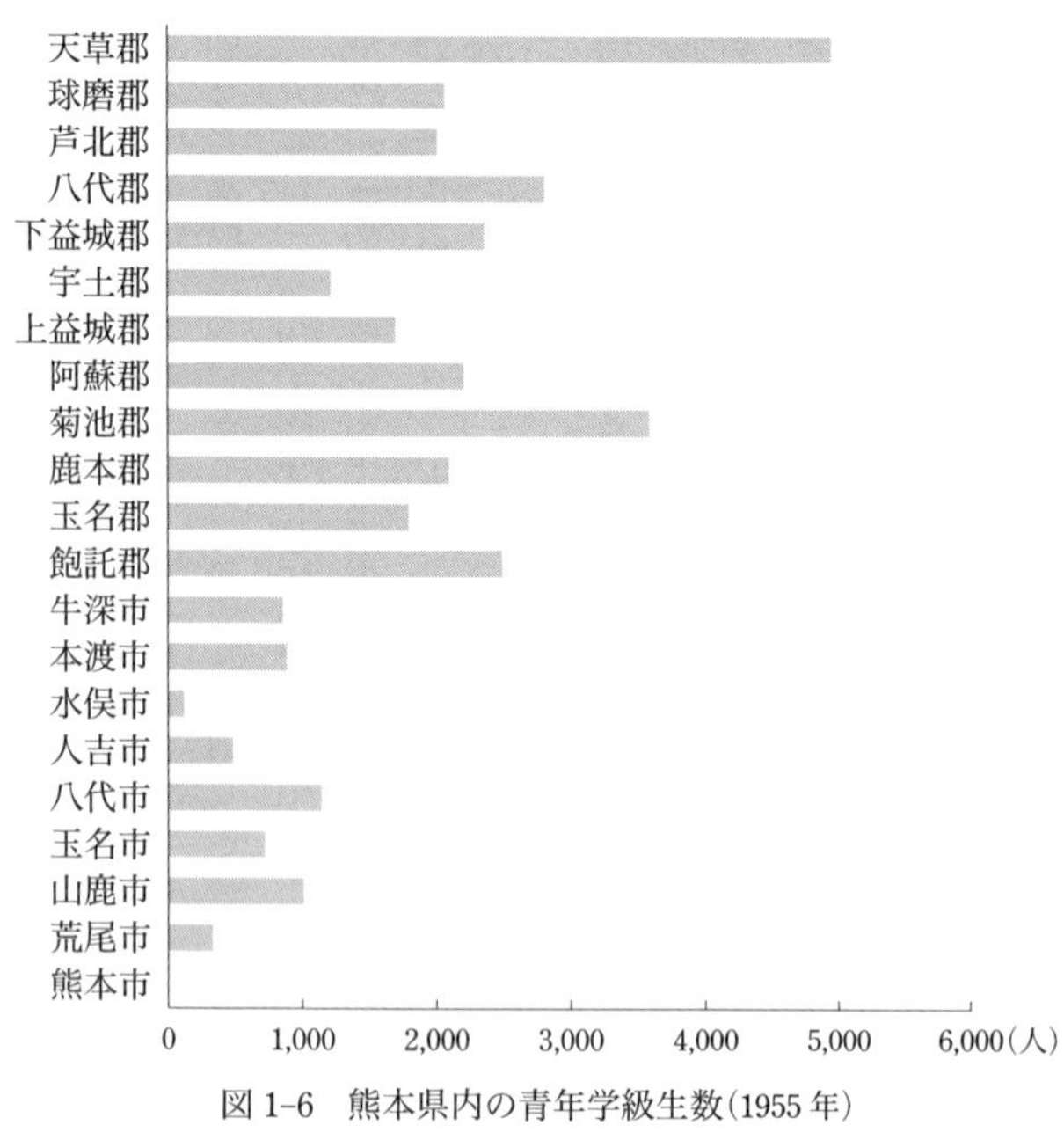

図 1-6　熊本県内の青年学級生数(1955 年)

五三・五万人だった〔『学校基本調査』〕。定時制高校生の倍以上の勤労青年が、青年学級に集っていたのである。

ただ、青年学級に参加する割合は、年度や地域によってもさまざまであった。愛知県田原町青年会では、八割以上が青年学級に入っていたのに対し〔田原町青年会機関誌『潮音』第二号、一九五五年九月〕、三重県多気町佐奈地区の青年団では青年学級参加者(一九五五年ごろ)は四九パーセントに過ぎず、女子に至っては四三パーセントに留まっている〔『農村の青年学級の運営』〕。

だが、裏を返せば、これだけの青年たちの参加があったということでもある。高橋真照『農村の青年学級の運営』(一九五六年)では、これが参加者の少なさの例として挙げられているが、この数字が「少ない」と言えるほどに、青年学級は盛り上がりを見せていた。

農村教養文化の高揚

こうしたなか、一九五〇年代前半から半ばにかけて、農村では勤労青年の教養文化が盛り上がりを見せた。青年団・青年学級主催の弁論大会もさかんに行われ、長野県岡谷市川岸地区の青年団では、一九五〇年代初頭には弁論大会で三〇〇人近くを集めていた(「工都岡谷市　川岸地区の青年たち」)。そこでは、読書の意義も多く語られた。松本市内の青年団では、ある女性団員が「私の云ひたいことは良書を多く読むことによつて、自分の人間性を養ふことだと思ひます」「人生を卑屈に見ることなく、良い社会を作り私達が明るく暮らせる様にするためにお互にもつと〳〵勉強すべきだと思ひます」と語っていた(『葦』一九五一年早春号)。読書を通じた人格陶冶と社会改良という、教養主義の規範がうかがえる。日本青年団協議会の第二回全国青年問題研究集会(一九五六年二月)でも、佐賀や愛知などさまざまな農村地域における読書グループの活動が紹介されていた(『第二回全青研(二)―二』)。

社会科学への関心も、少なからず見られた。静岡県浜松市の青年学級では、一九六三年に

私は間違っていますか?
公明選挙を願う少女は嘆く
選挙違反を投書した
娘さん一家を"村八分"
罪に問われ逆うらみ
四国に接近の気配
ダイナ 西日本に暴風雨か

図 1–7 「村八分事件」の報道
(『朝日新聞』1952 年 6 月 23 日)

「民主主義の歴史や発達」「原子力の産業利用」「経済協力開発機構」等をテーマとした講演会が行われていた〔『青年学級のあゆみと展望』〕。長野県連合青年団による第二回郷土振興大会(一九五三年三月)では、「再軍備反対、平和憲法を守れ」「青年はいかに平和運動を推進すべきか」といった点について議論がなされていた〔『長野県青年団運動史』〕。

こうした関心の延長で、地域社会の問題を考えようとする動きも見られた。長野県埴科郡森村青年学級では、「村の青年についての実態調査」「村の労働分析」「二、三男の実態」といったテーマについて調査・検討を行うプロジェクトが進行していた〔『分文館指導者講習会テキスト』一九五五年〕。

選挙への関わりも、青年たちの社会科学への関心を後押しした。村落では、しばしば贈収賄が横行し、地域ボスによる策動も目立っていた。特定候補の支持を部落に強要し、それを拒めば村八分にされることは珍しくなかった。また、青年団に組織票の依頼や利益誘導が持ちかけられることも、少なくなかった。青年団役員は地域青年の指導層であるだけに、将来の地域のリーダーと目されることも多かった。それもあって、村落のボスたちはしばしば、選挙がらみで青年団に働きかけを行った［『日本の青年』］。

しかし、戦後の学校教育で民主主義の理念を学んだ村落の若者たちにとって、そうした選挙のありようは容認しがたいものだった。各地の青年団は、選挙浄化運動を展開するようになり、日本青年団協議会でも公明選挙運動が掲げられるようになった。折しも一九五二年には、静岡県上野村の少女が選挙不正を新聞社に投書したことから一家がすさまじい村八分を受けた事件（村八分事件）が社会問題化し、翌年には新藤兼人の脚本で映画化された（今泉善珠監督『村八分』）。青年団が公明選挙運動に取り組んだのは、こうした時期であった。

これらの運動の取り組みは、青年団や青年学級で社会科学学習会のような集まりを結成することにつながった。鳥取県三朝町では、村落での選挙をめぐるいがみ合いが生じたことから、青年たちのあいだで「やっぱり、俺たちはもっと学習をしないと、わからんことがいっぱいだ」という思いが生じ、青年団・青年学級のなかで「社会科学研究会」が発足した。当初は『社会科学基礎講座』という文献をテキストにしていたが、その延長で経済・歴史・哲学などにも関心が広がっていったという［『第二回全青研(二)－一』一九五六年］。

こうして、教養に対する関心は、農村青年のあいだで一定の広がりを見せた。一九六一年の長野県伊那市の事例だが、「いま危機を迎えている農業を振いたたせるような学習になら金を出す。が、一般教養的なものは制限できないか」と言う市長に対し、青年学級の代表者は「その一般教養学習の中から仲間が生まれ、村を思い、真に農業を考える青年が出て来たのだ」と返し、予算の増額を勝ち取ったという『青年学級のあゆみと展望』)。そこでの「一般教養」に具体的に何が含意されているのかはさておき、職業技術に必ずしも結び付かない人文社会科学への関心を重んじる志向がうかがえよう。

ノンエリートの教養への憧れ

だが、それにしてもなぜ、少なからぬ農村青年が教養を求めたのか。ひとつには、教養主義の広がりがあった。

戦前期から一九六〇年代ごろまでの旧制高校や大学のキャンパスでは、文学・思想・歴史方面の読書を通じた人格陶冶の規範が根付いていた。大学進学率は戦後初期で三パーセント弱に過ぎず、大卒者は明らかに学歴エリートだった。そのことは、知的な読書を通じて、エリートにふさわしい人格と教養を身につけなければならないという規範を醸成した。

もともと、旧制高校では国家主義と武士道的な心性が絡み合った質実剛健でバンカラな気風が目立っていたが、一九〇三年に旧制第一高等学校生・藤村操が厭世観や人生の煩悶を綴って自殺したことがひとつの契機となって、内省的な学生文化が広がりを見せた。第一高等学校校長・新渡戸稲造がゲーテやカーライル、ミルトンらの書物を学生に紹介しつつ、学生生活を運動部の活動や飲酒だけで終わらせるのではなく、文化活動や読書、精神的修養を心がけるよう説いたことも、内省的な教養主義を後押しした。大正期になると、第一次大戦後の不況や労働運動の続発も背景に、内省に飽き足らない学生たちのあいだでマルクス主義が流行した。昭和初期には、マルクス主義とは一線を画しつつ、自由主義的な社会改良を説く河合栄治郎「学生叢書」が広く読まれた。これらも、人文社会系の読書を通じた人格陶冶を重んじる点で、一貫していた。

戦時期になると、『歎異抄』などのような日本主義的な古典が多く手に取られた一方、マルクス主義や自由主義は抑え込まれた。そのことが結果的に、教養主義が戦後になって復活することにつながった。「自由主義やマルクス主義的な教養が抑圧されたがゆえに日本は誤った戦争を始めてしまった」というロジックである。むろん、実態は必ずしもそうではなく、もともと共産主義や自由主義に共感を抱いていた知識人の多くが、戦争を賛美し翼賛する文章をものしていた。しかし、敗戦は軍部や戦時の指導者層への批判を生み出し、彼らに抑え込まれていた（とされる）知識人や教養の威信を高めることになった。教育社会学者の竹内洋は、教養主義の戦後の復権について、以下のように記している。

旧制高校をはじめとする高等教育文化の解体や教養主義の衰微と軍国主義の昂進は共変

関係にあった。共変関係はしばしば因果関係に読み替えられやすい。高等教育文化の解体や教養主義やマルクス主義が抑圧されたがゆえにあの戦争があったのだ、教養主義やマルクス主義の復活こそ軍国主義にならないためのものである、と。高等教育や教養主義は、殉教者効果をもち、リバイバルに威光が増した。[『教養主義の没落』]

教養主義の衰退と軍国主義の伸長が共変関係ではなく因果関係として読み替えられることで、リベラリズムやマルキシズムに根ざした教養主義は、「殉教者効果」を帯びることとなり、戦後に復興を果たすこととなったのである。

図1–8 『西田幾多郎全集』を求めて，岩波書店を囲んで一夜を過ごす人々（1947年7月10日）

こうした教養への憧れは、じつは必ずしも旧制高校や大学に閉じたものでもなかった。一九四七年七月に岩波書店から『西田幾多郎全集』が刊行されると、人々は同社社屋を取り囲んで長蛇の列を作り、二晩徹夜する者も少なくなかったという。岩波書店で会長を務めた小林勇は、このときのことを回想して「西田の哲学がわかる人が日本に何人もいるとは思われないのに、こういう不思議なことが行われた」と記している[『編集者の回想録

20」]。西田幾多郎の難解な哲学を理解できなくとも、それに接したいという人々の教養への憧れを読み取ることができよう。戦没学徒遺稿集の『はるかなる山河に』(一九四七年)や『きけわだつみのこえ』(一九四九年)がベストセラーになったのも、同様の背景によるものである。教養への憧れは、ノンエリート層にも一定の広がりを見せていたのである。

青年団や青年学級における教養への関心も、こうした風潮に重なるものであった。既述のように、戦時体制に翻弄されたことへの憤りが、自己の内面や社会のあり方を問うことにつながっていたが、そのことは、大衆層にも広がりを見せた戦後の教養主義に通じるものがあった。

進学をめぐる鬱屈

だが、それとともに大きかったのは、進学をめぐる鬱屈であった。とくに、一九五〇年代に入ると、その傾向は顕著になった。

終戦前後のころであれば、旧制中学への進学率は一割にも達していなかったが、戦後復興が進むにつれて高校進学率(新制)は急速に上昇し、一九五五年には五一・五パーセントに達した。むろん、都市部と農村部とでは進学率に差が見られたが、少なくとも、農村でも高校進学は決して珍しいものではなくなっていた。

だが、そのことは、家計困難等の理由で高校に進めない層が半数近くいたことを意味する。

彼らは必然的に、「進学できる力があるのに、なぜ自分は進学できないのか」「自分より成績が下の生徒が高校に行けるのに……」という鬱屈をかき立てられた。戦前期のように、上級学校への進学が一割ほどに過ぎなければ、進学したくてもできないことは、まだしも諦めもついただろう。一九一〇年生まれの寺島文夫(人生雑誌『人生手帖』の創刊者)は、学業優秀ながら旧制中学に上がれなかったことを回想しながら、「五十人ばかりいた私の級から、進学したのは女子で二人あっただけで、男子は、中以下の家の子供ばかりそろったために一人もなかったのは、負けずぎらいの私にとってはせめてものしあわせだったように思う」と述べている(『学歴なし』)。しかし、同級生の半数が義務教育より上の課程に進むようになると、進学できないことは「当たり前」のことではなくなる。進学を希望しながら、それを阻まれた青年が、悔しさや屈折した思いを抱えるのは当然であった。

もっとも、定時制高校への進学という選択もないではなかった。だが、居住地から遠いために、物理的に通えないケースも多かった。かりに通学圏内にあったとしても、学費負担に耐えられないなどの理由で、定時制に進めないことも珍しくなかった。また、「農業に学歴は必要ない」「進学すれば農村を離れてしまう」として、親が高校進学に理解を示さないケースも多く見られた。

ある一六歳の女性は、高校に進めない「惨めな淋しさ」を次のように綴っている。

私は進学をした友人を見ると、悲しかつた。所かまわず、口惜し涙が溢れてくるのを、どうする事も出来なかつた。

制服を着て、楽しそうに語らいながらゆく姿を見かけると、自分だけが、一歩一歩前進していく友から遠ざかつていく様な、惨めな淋しさを覚えずには居られなかつた。私も進学したい、そしてもつともつと勉強がしたい。［『雑草』一九五四年二月号］

かつての友人たちが「制服を着て、楽しそうに語らいながらゆく姿」を見ることのつらさや、彼らが遠ざかっていくような口惜しさが、切実に記されている。

こうした鬱屈は、「進学組」に遅れないよう、寸暇を惜しんでがむしゃらに読み、何かを表現しようとすることにもつながった。ある農村青年は、進学できないやるせなさから来る読書への衝動について、一九五六年の文章のなかで、以下のように書いている。

私は文字通り一瞬も惜しんで目茶苦茶に書きなぐつた。そして本を読みあさつた。野良に出る時の私の腰には何時もぶら下げた布の小袋の中に小手帳がはいつている。メモしたり感じた事を歌に詠んだ。草原に寝ころんで、その小手帳をひろげながら私は何時も、やるところまできつとやるぞ！　と叫んでいた。

朝食後、野良に出る前のひと時、父や母達は暫くお茶を飲む。私はその間も勿論何かを読んでいた。便所に立つ其の中でも読んだ。実際、毎朝のあの十分位の時間でさえ、私には無駄には出来ないのだつた。〔『葦』一九五六年一一月号〕

高校に進学できなかったことが、まるでノルマに追い立てられるように、寸暇を惜しんで読書する切迫感を生んでいることが、そこにはうかがえる。

青年学級や青年団の教養文化を支えていたのも、ある意味では、進学者たちに遅れまいとする勤労青年の焦燥感であった。ある青年は、高校に合格したものの、家計の事情などで親に進学を許されなかった悔しさにふれながら、「この自分の運命を幾分充してくれたのが青年学級である」「空白な青年時代を送りたくない。同級生の勉強する姿にあせりを感じて、一昨年まで青年学級に出席して来た」と記している〔「青年学級生徒のさけび」一九五四年〕。また、定時制高校への進学も許されなかった中規模農家の女性は、「学校に入つている人におくれまい」と青年学級に入り、「会費よりもずつと多く自分の物にしようと欲を出して勉強した」ことを、地元青年団の生活記録集のなかで綴っていた〔『第二回全青研(二)－一』〕。

そのことは、職業科目より一般教養的な科目に関心を持つ傾向を生んでいた。とくに、中学卒業後間もない年少の青年のあいだで、それは顕著だった。神奈川県高座郡渋谷町の青年学級生の動向について、日本青年団協議会の調査報告書（一九五五年）では、こう述べられている。

中学を卒業してまもない年少者たちは、自分の将来にたいする、漠然とした夢を追って生きている。高校へ行っているものが羨しくてならない。都会へ出たいと思っている。こんなところにいたら、「中学時代の勉強が落ちる」と考へていらいらする。その「勉強」を「落さない」ために青年学級へやってくる。職業科目よりは、むしろ、いわゆる一般教養的なものに関心が向けられる。〔……〕国語とか、数学とか、理科とか、漠然と勉強したいと思っている。〔『渋谷町青年教育調査報告』〕

学科の補習的な科目も含めて、「一般教養的なもの」への関心が高い背景として、中学までに培った学力を落とすまいという焦燥感があったことが浮かび上がる。

このことは、別の調査でも裏付けることができる。日本青年団協議会は山形県天童市の青年層（中学卒業以上）を対象に、年齢別・性別の興味関心について調査（一九六一年実施）を行っている。そこでは、一五歳から一七歳の年齢層の最も高い関心事は「勉強のこと」（男：三二・二パーセント、女：四〇・六パーセント）となっている。次に関心が高い事柄は「仕事のこと」だが、男

表 1-2　農村青年の関心(山形県天童市，1961 年)　(%)

	15-17 歳		18-20 歳		21-23 歳		24-25 歳		合計	
	男	女	男	女	男	女	男	女	男	女
仕事のこと	11.8	16.7	38.7	28.0	45.5	25.0	48.8	39.0	35.0	25.1
金をためること	5.9	11.9	15.0	11.6	10.6	21.0	14.6	5.5	11.5	12.6
勉強のこと	32.2	40.6	6.5	4.7	—	4.2	—	—	10.4	15.8
政治運動のこと	4.3	2.4	—	2.3	3.0	—	2.4	—	2.2	1.6
団体活動のこと	7.4	4.8	5.4	11.6	7.6	4.2	9.8	—	7.1	6.3
恋愛や結婚のこと	3.0	—	9.7	21.0	13.6	8.3	4.9	11.1	8.2	10.2
趣味のこと	5.9	9.5	7.5	4.7	3.0	8.3	—	—	4.8	6.3
その他	4.4	2.4	3.2	2.3	1.5	—	2.4	5.5	3.0	2.4
関心のあるものがない	10.3	4.8	6.5	9.3	6.1	4.2	4.9	11.1	7.1	7.1
無回答	14.7	7.2	7.5	4.7	9.1	25.0	12.2	28.0	10.4	12.6

女とも「勉強のこと」への関心は、その二―三倍である〔『農村青年の実態調査1』〕。これが一八歳から二〇歳になると、「勉強のこと」への関心は五―六パーセントに、二一歳以上になると〇―四パーセントにまで下がっている（表1―2）。

調査対象者のうち、中卒学歴層は三二一名（全体の六二・五パーセント）、高校在学者は九七名（全体の一八・八パーセント）、残る九六名（全体の一八・六パーセント）は高卒者であり、高校在学者（男子）で「勉強のこと」への関心を回答した者は四〇・四パーセントである（女子の比率は不明）。一五歳から一七歳の回答者（一三八名）には、高校在学者が一定数を占めているはずではあるが（その比率は不明）、その年齢層全体の「勉強のこと」への関心は、高校在学者のみのそれと比較して大きな差異はない。だとすれば、中学卒業後間もない勤労青年の一定部分は、学校教育から解放されてもなお、学力の維持・向上をめざしていたことが推測される。

江戸川区の青年学級生の以下の記述は、このことを如実に示している――「[青年学級で扱われる内容は]無味乾燥な教養というか、自分だけを育てる場としか私の目にはうつらなかった。それでも学校を卒業した後の空虚な毎日にくらべれば、何か身につけるという事だけでも良いと思った」[『江戸川区の青年学級』一九五九年]。裏を返せば、学歴をめぐる中卒勤労青年たちの鬱屈が、青年団・青年学級における読書・教養の文化を下支えしていたのである。

「農村改良」と教養の親和性

もっとも、青年団・青年学級では、農業や農村の改良が取り上げられることも多かった。長野県伊那市のある青年学級では、「農業経営」の講座が開設され、農業技術や農業経営に関する共同学習が行われた[『青年学級のあゆみと展望』]。高知県小川村の青年学級でも、「農業技術の向上」に関する文献講読や意見交換、農業相談所技師による講義が、青年たちの要望で行われたという[『第二回全青研(二)-一』]。

それは、旧来的な農業を変革しようとする志向につながった。岡山県のある農村青年は、「牛に与える飼料を計算するのに方程式を使ったり、計算尺やグラフ表などを活用したりする」「水田の施肥設計をするのに旧来の習慣などにとらわれないで、いろいろ参考書を調べて研究する」と記している〔『農村の青年学級の運営』〕。父親の指図に従うだけではない農業のあり方を模索していることがうかがえる。

このことは、必然的に年長世代から農業経営の実権を奪取しようとすることでもあった。先の青年は、旧来的な農業のあり方を「農村ではほとんど父親がサイフをにぎり、経営の計画も独断でやっている。そして息子や嫁は父親の指図どおり働くだけである」と批判し、「こんな考え方の大人達に支配されている農村を、どのような方法で近代科学と接近させてゆくか、これについて研究するのが我々の学習の一部であり、生活の一部分なのである」と論じていた〔同書〕。青年たちの農業・農村への関心は、彼らの生活そのものの問題であるのと同時に、年長世代に対する転覆戦略をも意味していたのである。

そうした関心は、勤労青年のなかでも比較的年齢が高い層に多く見られた。先の山形県天童市の青年意識調査では、中学卒業間もない一五―一七歳の層に比べて、それ以上の年齢層では「勉強のこと」への関心がきわめて低かったが、「仕事のこと」への関心については、逆の傾向が見られた。男性の場合、一八―二〇歳では三八・七パーセント、二一歳以上になると五割近くに達していたのに対し、一五―一七歳では一一・八パーセントにとどまった。この年齢層には一定の高校在学者が含まれていたが、高校在学者の「仕事のこと」への関心が六・四パーセントであったことを考えれば、この年齢層の中卒学歴者の「仕事への関心」がことさらに高いとも推測し難い。女性は男性ほどではないが、一八歳以上では「仕事のこと」への関心は他項目に比べて高くなっている。田畑を継ぐ可能性が高い長男をはじめ、農業に従事する青年たちは、中学卒業から三年以上を経て、進学をめぐる鬱屈がいくぶん緩和され、農業や農村のあり方に関心が移っていることがうかがえる［『農村青年の実態調査1』］。『渋谷町青年教育調査報告』（一九五五年）にも、以下のような記述がある。

年長者たち［＝青年のなかの年長層］は、かつては年少者とおなじような精神の経過をたどってきているのであるが、いまではもう、上級学校へ行くことも、都会へ出て行くこともあきらめて、町に根をおろさなくてはいけないのだと思うようになった。そのあきらめの気持が裏がえって、「町のためにつくす」という気持に転化してきている。学校へ行っている者のこともそう羨しく思うまいとする。

年齢が上昇するにつれて、当面の人生の目標が、「教養」「学力向上」から「町のためにつくす」「農村改良」へと転移しているのである。

そして、このことが青年団や青年学級への熱心な参加につながった。『渋谷町青年教育調査報告』は、年長の青年たちが「高校では人間的なセッサタクマはできない。青年学級は人間形成、人間錬磨の場所だ」としきりに語ることを引きながら、彼らが「町の生活のなかに自分の活路をみいだし、青年学級の学習に積極的な意味をみつけていこう」としていることを指摘している。青年団や青年学級は、この当時盛り上がりを見せていたが、それは年少青年と年長青年それぞれの異なる関心に支えられていた。

とはいえ、年長青年が進学をめぐる鬱屈から完全に解き放たれていたわけでもないだろう。『渋谷町青年教育調査報告』は、年長青年の農村改良への関心の背景について、「進学者そのほかからとりのこされたという感情の補償の場所を、ここ〔＝青年学級〕に求めようとして行われているのかもしれない」「そこに積極的なものを発見しようとはしているが、そうすることによって、自慰している面が多いように思われる」と記している。進学をめぐる鬱屈が、「農村改良」や「町のためにつくす」ことを選び取らせていたのである。

さらに言えば、農村改良への関心は、教養への関心と無関係でもなかった。農業・農村への改良志向は、言うまでもなく、農村青年の労働や生活をめぐる「実利」の増大をはかるものであり、「実利」との接点がうすい人文社会系の知とは異質に見えるかもしれない。だが、農村改良への関心が教養への関心をかき立てることも少なくなかった。先の岡山県の農村青年が農業改革について「どのような方法で近代科学と接近させてゆくか」と述べていたことは、そのことを示唆するものである。

実際に、先の高知県小川村の青年学級では、農業技術への関心の延長で「農業だけではつまらないから社会のことも学習しよう」ということになったという〔『第二回全青研（二）－一』〕。また、一九五八年二月に東京・日比谷図書館で行われた青年学級主事・講師研修会でも、「朝、暗いうちから、日が落ちるまで鍬をもつて働くばかりが農民ではない」「〝考える農民〟になろうじやないか」ということが議論され、それを突き詰めることが「本当の青年学級の目標」であるとされていた〔『江戸川区の青年学級』〕。

農業や農村のあり方を考えることは、農村青年の「実利」につながるものではあったが、それは短期的な利潤を期待するものではなく、むしろ、地域社会のあり方を問い直すことであった。そのことが社会科学的な関心に行き着くのは、ある意味で自然な流れであった。

戦前との連続性

以上のような農村青年の教養文化は、必ずしも戦後に限られるものではなく、戦前期においてもしばしば見られた。自由大学運動は、その典型例であろう。

自由大学運動は、「学問の中央集権的傾向を打破し、地方一般の民衆が其の産業に従事しつつ、自由に大学教育を受くる」機会を提供すべく、信州・神川村の青年たちと哲学者・土田杏村（きょうそん）、文学者・高倉輝らを中心に、一九二一年に始められた〔『土田杏村と自由大学運動』〕。哲

図 1-9　自由大学の授業風景(講師は高倉輝：撮影年不詳)

学、倫理学、社会学、文学概論、社会政策等の講座を網羅し、農村青年たちが数カ年にわたって人文諸科学を学ぶことが意図されていた。受講者は、高等教育どころか中等教育にさえ進めなかった青年たちが大多数であったが、裏を返せば、こうした層に高等教育のエッセンスを享受させようとしたのが、この運動であった。

講師は、土田杏村(哲学)や高倉輝(文学論)のほか、新明正道(社会学)、出隆(哲学史)、谷川徹三(哲学史)、三木清(哲学)など、同時代の著名な知識人が務めた。また、労働運動が頻発した当時の世相を反映して、マルクス主義も取り上げられた。共産主義に近い高倉輝や山本宣治らが教壇に立ったのも、そのゆえである。

長野県下伊那地区では、すでに一九一〇年代ごろから白樺派や民本主義への関心が青年層のなかに広がっており、『中央公論』『改造』などの総合雑誌も一定程度読まれていた。一九二〇年代には、米騒動(一九一八年)や労働争議・小作争議の影響もあり、社会主義への関心が高まった。半官半民の大日本連合青年団が結成されたことへの反感も大きく、下伊那自由青年連盟、ＬＹＬ(リベラル・ヤング・リーグ)等の団体が相次いで結成された(青年団自主化運動)。こうした流れのなかで、人文社会科学への関心が、長野県はじめ各地に広がりを見せていた。

左翼運動とは一線を画した大衆教養文化の場としては、通俗大学会があげられる。これは、満鉄総裁や東京市長を歴任した後藤新平が、自説の「学俗接近」を実践すべく、一九一四年ごろに組織したもので、「国民教育ノ一助タランコトヲ期シ、古今東西ニ渉ル諸科ノ知識ヲ最モ容易ニ社会ノ各階級ニ普及セシメ」ることを目的としていた。通俗大学会は、「通俗大学文庫」を立ち上げ、上田万年（国語学）、建部遯吾（社会学）、後藤新平（植民政策学）ら知識人の著作を一般国民向けに刊行したほか、一九一七年には財団法人信濃通俗大学会が信濃木崎夏期大学を始めており、翌年には軽井沢夏期大学が開講された。これらも、自由大学運動と同じく、ノンエリート層を対象に知識人の講義を提供するものであり、姉崎正治（宗教学）、市川三喜（英語学）、吉野作造（政治学）、河合栄治郎（社会政策学）らが担当した。通俗大学会の初代会長は新渡戸稲造が務めているが、そのことからも、教養主義的な価値観がうかがえよう［『後藤新平「学俗接近」論と通俗大学会の研究』］。

以上のような戦前期の大衆教養文化と戦後の青年団・青年学級とのあいだには、必ずしも直接的なつながりがあるわけではない。ことに自由大学運動や青年団自主化運動は、一九三〇年代以降の共産主義弾圧の流れのなかで、壊滅的な打撃を受けていた。通俗大学（夏期大学）にしても、信濃木崎夏期大学は例外的に戦後も途切れることなく続いたとはいえ、戦時期の実施は困難を極め、軽井沢夏期大学は一九三四年で途絶えている。

だが、戦後の青年団・青年学級の隆盛の背後に、戦前期にも見られた読書や教養、社会批判に対する農村青年の関心があったことは疑えない。むしろ、旧制高校・大学での教養主義と同じく、「戦時期に弾圧された」という事実が、「殉教者効果」を醸し出し、戦後農村教養文化のリバイバルを後押ししたのである。

2 農村教養文化の困難

農村と教養の不調和

とはいえ、農村社会は総じて、青年たちの教養文化に対して冷ややかであった。むしろ、それを排斥しようとする動きすら、ときには見られた。ことに目立っていたのは、勉学や読書に対する親たちの無理解である。

岩手県花巻市の青年団機関誌には、ある青年が囲炉裏で本を読んでいると、「はあ(もう)寝ろ」「だれえ、電気ばかり使つてわがねえ、今月三〇キロも使つたはずじや」と母親に叱責されたことが記されている〔『第二回全青研(二)-一』一九五六年〕。愛知県西尾市の女性団員も「自分の家ですらつまらん本を読むひまがあつたら「針仕事でもせよ」と云はれる」「「あいつ小説本ばかり読んでけつがる嫁してから先が思いやられる」などと父から小言を云われる」ことを綴っている〔『第二回全青研（二）‐二』一九五六年〕。

農業に直接的な実利をもたらすわけではない勉学や読書は、なんら有用性がないだけではなく、電気代などのコストばかりかかり、さらには針仕事ができない分、実質的な逸失利益が発生する。農村青年たちは往々にして、このような認識の親たちの監視下に置かれていた。

当然ながら、青年団への参加を快く思わない親たちも少なくなかった。山形県村山市のある青年は、常々「夜など、草履でも作った方がよっぽどえがべ。青年会さ行ってなになる」と母親に小言を言われ、青年団をやめるよう迫られていることを述べている〔『第二回全青研（二）‐二』〕。生活が苦しい農家の親たちにとって、青年団活動への参加は、読書や勉学同様、逸失利益を生じさせるものであった。

夜間に出歩くこと自体に不快感を抱く親も多かった。とくに、女性が夜に開かれる青年団・青年学級の会合に出ようとすると、「嫁入り前の娘が、ほっだえ夜出で歩くもんでなえ」と叱られることは珍しくなかった〔『明日を作る青年たち』一九五七年〕。こうした批判のために団員が参加しにくい状況をなくすことは、青年団の切迫した課題でもあった。静岡県浜名郡の青年団員も「農村における夜の会合は（特に男女合同の場合）とかく地域の一般の人から批判の目で見られがちである」ことに対し、青年団員・青年学級生が悩みをかかえていたことを記している

〔『第二回全青研（二）－二』〕。

親たちのこうした姿勢は、ときに進学の問題と絡むこともあった。愛知県東郷村のある青年は、複数の友人が「自分は進学したいのだが、親が有名な学校嫌い」であったり、「長男である事で農業をやれと云われてる」ことから、高校進学が困難になっていることを記している〔『第二回全青研（二）－二』〕。山形県村山市の青年も、中学三年の終わりごろに農業高校への進学を親に相談したところ、「農学校さなのはえたつて、なにになる」として進学を拒まれたことを綴っていた〔同書〕。

むろん、親たちが進学を認めない理由として、経済的な問題も大きかったが、そればかりではない。たとえ農業学校であっても、進学に価値を見出さない親世代の思考様式の問題もあった。一九六一年に山形県天童市で実施された意識調査では、農業に携わる青年（ただし男子のみ）が高校に進学しなかった主な理由として、「家の仕事が忙しいから」（三三・〇パーセント）、「親やまわりの人の意見によって」（九・九パーセント）が上位に挙がっており、「学費がないから」（五・六パーセント）を上回っている〔『農村青年の実態調査1』〕。家業の多忙と経済的な困窮がしばしば相関していることや、高度成長期に差し掛かり家計水準が一定程度押し上げられていることは考慮しなければならないが、だとしても、「進学できなかった主な理由」として家業の忙しさが挙がっていることは示唆的である。家計的に多少は許されるとしても、親たちが青年たちの進学より農業への従事を望んだことも透けて見える。農村の親世代にとって、進学や読書、教養といったものは、必ずしも、何らかの益をもたらすものではなかった。

読書会への参加を「アカ」(「左翼」)として忌み嫌うむきも、農村の年長世代のなかには多く見られた。岐阜県美濃加茂市の青年団員は、一九五六年の文章のなかで、「正しい事を正しいとして通そうとすれば、赤だと云つて押えつけられる」状況への憤りを綴っている〔『第二回全青研(一)』〕。鳥取県三朝町の農村青年も、「学習会に出ると〝アカ〟だという者」が少なからずあり、そのために、親類に就職斡旋を断られたことを記している〔『第二回全青研(二)－一』〕。

農村社会のなかで「アカ」のレッテルを貼られることは、相当な生きづらさに直結していた。高知県で公明選挙運動に取り組んでいた青年団長は、以下のように綴っている。

> 私たちが最も苦しかったのは、あいつらのやることはアカと同じだ。青年の連中はみんなアカの手先になっているのだ――という宣伝をさかんにされたことでした。小さな村のなかでは、あいつはアカだというレッテルをはられると、もうその人は動きがとれなくなるほど封建色が強いのです。〔『日本の青年』一九五五年〕

実際に、地域のボスからの圧迫や干渉により、結婚が破談になったり、職場の配置換えや解雇を迫られたことを訴える複数の団員があったという〔同書〕。集会の様子を巡査が調べにくることもまれではなかった〔『第二回全青研(二)‐二』〕。当然ながら、青年団や青年学級の活動に、二の足を踏む青年たちもしばしば見られた。

青年学級の機能不全

青年団と青年学級の関係性も、つねに親和的であるわけではなかった。前述のように、青年団が実質的に地域の青年学級を運営することも多かった。そのことは、共同学習や文化活動の機能が青年団から青年学級に移行する状況を生み出し、その結果、青年団の活動は村落祭祀や季節行事(花見・芋煮会、運動会など)、勤労奉仕に限定される傾向も見られた。先の『渋谷町青年教育調査報告』(一九五五年)は、「青年学級という形が、あまりに重くとりあつかわれることにより、これ以外の場所での青年の自発的な学習活動がすがたを消してしまう。現に、青年団活動は、その学習活動を完全に青年学級に吸い取られて、行事青年団に堕してしまっている」と記している。『農村青年の実態調査1』(一九六二年)でも、「お祭りや労力奉仕、それに花見や芋煮会、運動会ぐらいしかやっていない青年団では、気のきいた青年はなかなか入ってこない」ことが指摘されていた。

青年学級の運営に困難が付きまとっていたことも重要である。講師は中学教師が担当することが多かったが、彼らが慣れていた講義形式の授業は、学級生たちにとってしばしば退屈なものだった。三重県大河内村の青年団員は「文学、数学、社会、職業生活文化という課目別に、小中学校の先生が勝手にしやべる講義式一点ばりのやり方に青年達は次第に遠ざかつて」いったことを記している〔『第二回全青研(二)-二』〕。香川県社会教育課長の藤田和夫も、「僕の学級の農業と社会科の先生は面白い。ところが国語の先生は眠くて、この時間になると学級生は半分になる。理科の先生も面白くないので、出席者はいつも四、五人なのでやめてしまいます」という学級生の言葉を引きながら、「勤労青年は単なる知識の切り売りを欲していません。青年学級は一種憩いの場であり、面白いところで、研究する問題は青年の悩みにピッタリするものでなければなりません」と語っていた〔『青年学級のあゆみと展望』一九六四年〕。

突然の休講への不満も大きかった。鹿児島県垂水町のある青年学級生は、「せめて私にとって与えられた学びの道は青年学級である」という思いを抱きながらも、「講師の都合や公民館を他の行事のために利用されて中止されること」への怒りを記していた〔「青年学級生徒のさけび」〕。別の青年学級生も「講師を頼んであるのに、講師が来ない事もある。その日の計画が別に無いので当惑する。学級にとつては非常にマイナスだ」と語っている〔『江戸川区の青年学級』〕。

とはいえ、休講が生じやすい構造的な問題もあった。多くの講師は小中学校はじめ、それぞれの本務を有しており、青年学級での授業は「片手間仕事」と目されていることも少なくなかった。報酬もわずかで、ボランティアに近い側面もあった。ことに山間部の農村であれば外部の講師を呼ぶには交通が不便だし、経費もかさむことになる。それもあって、地域の小中学校教師に依嘱されることが多かったわけだが、なかには無給で、せいぜい「閉講式には招待して一杯飲んで貰」うだけということもあった。学級生たちのあいだでも、「村の中学校の先生ではと、青年がソッポを向いてしまう」ことがあっただけに、講師のモチベーションもつねに高いとは言い難かった〔「勤労青年学校を提唱する」一九五五年〕。

施設面でも、多くの困難が見られた。一九五五年に文部省が行った調査では、青年学級の開設場所としては、小学校が三七パーセント、公民館が三五パーセント、中学校が二一パーセントを占めていた。そのことは、二〇歳前後の少なからぬ青年たちが、小学生用の机椅子を使って授業等に参加せざるを得なかったことを指し示す。そこでの身体的な負担は容易に想像できよう。また、これらの施設を使うがゆえに、とくに職業教育に関する実験・実習のための設備は多くの場合、不十分であった〔『青年学級のあゆみと展望』〕。

それもあって、青年学級は「片手間学級」と呼ばれることもあった。社会教育者連盟の代表を務めていた神田哲雄は、雑誌『社会教育』（一九五五年四月号）に寄せた論説「勤労青年学校を提唱する」のなかで、青年学級の問題点を以下のように指摘している。

青年の教育施設としては、青年学級は情ない状況だと言ってよい。何が情ないかと言えば、どれもこれも間に合せ、片手間学級であるという点である。〔……〕

青年学級の勉学形態は、自主的な研究が非常に重要だ。それには、設備も校舎も学校環境もそれに適合したものが必要なことは言うまでもない。中学校の校舎を使用し、その設備で間に合わせている青年学級が、青年の勉学意欲を充すことの出来ないのは当然である。ましてや、中学校の先生の片手間授業で満足し得るいわれがないのは言うまでもあるまい。

既述のように、農村青年たちのあいだでは青年学級に対する一定の期待があった。しかし、設備や講師の問題は、青年学級での教育や討議、研究に制約をもたらした。

こうした状況に学級生たちも手をこまねいていたわけではなかった。和歌山県調月村の青年学級では、学級生が青年団とも協力しながら、「今までのように型にはまつた常識的なものばかりではなしに、現実の身のまわりの問題について語り合い研究し合える」ようにしたという。講義形式の授業もなくしたわけではないが、「農村の封建制」「女性の地位」についての座談会や県政・村政の批判会などを盛り込んでいる〔『第二回全青研(二)－二』〕。

しかしながら、「勤労青年のための教育」を当の勤労青年自身が編み出すことは容易ではなかった。三重県大河内村のある青年団員は、青年学級の改善を試みるなかで、「結局働く青年の苦しみは働く青年自身にしかわからない」一方で、「しかしそれをよくするにはどうやったらいゝか、そのためにはどうしたらよいか」が青年たちにも、そして「偉い先生」たちにもわからない苦悩を吐露していた［同書］。

両立の困難と出稼ぎ

そもそも、労働と青年学級活動を両立させることは、しばしば困難を伴った。先の大河内村の青年団員は、村の少なからぬ青年たちが携わる「谷から谷へわたる鉄線を使つて材木を運び出」す仕事について、「朝五時におきて出かけても昼の十時にならなければ山の現場へたどりつけない」「一年の中にきつと仲間の中から一人や二人は死傷者を出す」といった過酷さにふれながら、以下のように述べている。

家へたどりつくと日はとつぷりくれて、体を洗つてしまうともうぐつたりになつています。こいつを［青年学級に］ひつぱり出さうというのです。社会でジュネーブ会議を話したり、或は源氏物語の国語では居ねむりも出ますし、アクビもします。後の方では雑談を始めます。それだけではありません。彼等自身が生きて行かねばならぬ仕事があります。明日の仕事で睡眠不足から事故を引き起しでもすれば、これは一体何のためにやつたのかわ

からなくなつて来ます。［『第二回全青研（二）－二』］

これほど深刻でなくても、農山村の青年にとって、青年学級と労働の両立はさほど容易ではなかった。全日制高校や定時制高校に比べれば、青年学級の学習・活動時間は少ないとはいえ、仕事との両立を実現するためには相当な身体的・精神的な負荷がかかっていたのも事実である。

出稼ぎが青年学級に与える影響も大きかった。農山村では、現金収入を得る目的で、おもに農閑期に多くの青年が出稼ぎに出ていた。後述するように、農村は戦後、過剰人口を抱えており、田畑を相続しない二三男たちは、農閑期ともなると実質的に余剰労働者となりがちだった。それもあって、彼らは都市部や県外の工場や建設現場の臨時雇いとして、労働に従事した。

出稼ぎで得た収入は、家計の足しにされる一方、青年たちの小遣いにもなった。家業として農作業に従事しても、青年たちに給与が支払われるわけではなく、わずかな小遣いが不定期に渡されるだけであった。そのことは、本を買ったり映画を観る「自由」が制約されていることを意味していた。出稼ぎで得られる現金は、青年たちにとって、その種の「自由」をいくらかなりとも実現させてくれるものであった。

しかし、出稼ぎに出ている間は、当然ながら青年学級から離れることになる。となると、出稼ぎから戻ってきたときには、授業や共同学習が先に進んでおり、ついていけなくなることは珍しくなかった。また、出稼ぎ先で花札などの遊興に馴染んでしまい、勉学・読書する身体感覚が失われることもあった。こうした状況について、鳥取県三朝町のある青年は、以下のように語っていた。

百姓が少し暇になつたら、県境の山まで出稼ぎに行く。長いときは二〇日も、それ以上も山に泊るし、帰つたときは、出席しても皆が進んじやつとるし、なか〳〵わからん。山からは、ほかの連中と酒をのんだり、「花」〔＝花札〕に興じたりして、とても独習なんて考えられん。ダケ（だから）〔青年学級が〕面白くなァなつた。〔『第二回全青研（二）－二』〕

出稼ぎは、青年学級の活動のみならず、社会問題や教養への関心をも薄れさせた。岐阜県高山市の青年は、一九五三年ごろに出した手紙のなかで、出稼ぎ先の飯場が「泥臭いワイ談」と花札にあふれていることにふれながら、「こういうところにいると、社会状勢、政局はもちろん、隣の火事さえわからない」「只一つの望みは、早く家に帰り、モチを腹いっぱい食いたいことだよ」と綴っていた〔『農山村青年教育調査報告書』〕。青年学級や青年団を通じた読書や教養への関心は、こうしたなかで、しばしば冷却されていたのである。

関心と基礎学力の「格差」

　また、青年学級は、中学を出て間もない一五歳から二五歳前後の青年まで、幅広い年齢層を抱えていた。そのゆえに、彼らの関心の相違に対応することは、容易ではなかった。既述のように、年少青年層は一般教養や学科への関心が高く、年長青年層は農業・農村改良など職業知識への関心が高い傾向が見られたが、それは、彼らを同じ教室やカリキュラムで扱うことの困難を意味していた。なかには、両者のクラスを分けるケースもあったが、必ずしもうまくいっていたとは言い難い。『渋谷町青年教育調査報告』(一九五五年)では、「考えかたや行動の様式を異にしている年少青年と、年長青年とのために、せっかく第一、第二という学級区分をしていながら、その学習の内容・方法は、年令差をかえりみず、同じように編まれ、同じようにおこなわれている。これでは、年少者に必要とされる基礎的な学習を系統的におこなうこともむつかしいし、年長者の生活経験に即応した学習を行うことからも、ほど遠いものがある」と指摘されている。

　長男と二三男の意識・関心の相違も、見落とすべきではない。前述のように、長男は家業の田畑を相続することが多かったのに対し、次男以下は相続の可能性は低かった。それでも農繁期には貴重な労働力であったわけだが、農閑期には家業における余剰人員となり、また、長男が結婚すると、その妻が農業労働力に加わるので、次男以下は家業における居場所を失いがちだった。したがって、二三男はいずれは、農業を離れる可能性が高い存在だった。必然的に、長男層と二三男層との間には、農業関連講座への関心や熱意をめぐって温度差が見られた。和歌山県で社会教育主事を務めていた高垣源徳も、一九五〇年代当時、「学級の運営は長男の要求にあう学習内容をとりあげている」「次三男の将来の生活設計に悩んでいるのに、それを満足すべき内容はないではないか」という問題点を感じていたという[『青年学級のあゆみと展望』]。山形の村落で青年団長をしていた寒河江善秋も、「二男坊たちが〈どうして楽しく過ごすべきか〉と考えているのとちがって、[長男たちは]農業技術の研究とか、ためになる講演会といった事業に興味をしめ」す傾向にあり、彼らの青年団に対する期待が異なっていたことを指摘している[『村の青年団』]。

基礎学力の偏差も際立っていた。岐阜県高山市大八賀地区では、青年団・青年学級に属する青年に対して、初歩的な計算や漢字、政治・立法制度などに関する「常識テスト」を実施しているが、なかには正答率が高い者もいる一方で、分数の加減乗除や百分率を理解していないケースも半数近くに及んでいた[『農山村青年教育調査報告書』]。したがって、一定以上の学力を有する層にとって、青年学級は「基礎学力的学習の延長であり、一人一人の問題を皆んなの問題として話し合う様な学習ではなかった」[『第二回全青研(二)-一』]という不満を抱きがちだったのに対し、そうではない層にとっては、中学在籍時と同じく、難解でつまらない授業と感じることも少なくなかった。青年学級のなかには、年齢・学力・関心などの相違のため、「学習も単なる話しあいとかレクリエーション本位になり、学級が社交の場・憩いの場としての色彩を濃くしている」ケースもあったが、「学習意欲をもって入級したものは、このような空気に堪えかねて退級して」いくこともしばしば見られた(『青年学級のあゆみと展望』)。

困難のなかの隆盛

ただ、こうした問題を抱えながらも、一九五〇年代半ばごろまでは、青年学級に対する満足感も多く語られていた。鹿児島県高尾野町青年学級の学級生は、一九五四年の文章のなかで、「青年学級に入学して今年で二年になりますが、私達上級学校に進めない者にとつて最大のよろこばしい所です」「青年学級のよろこびは友人と一緒に同室で楽しく勉強出来ると言うことです。毎日仕事に追われて年中を過す私達にとつては青年学級は一つの娯楽の場所でもあります」と綴っていた(「青年学級の喜び」)。勉学や教養を通して近い年代の人的ネットワークを作る場として、青年学級が機能していたことがうかがえる。

また、江戸川区の青年学級の事例ではあるが、ある学級生は「フォークダンスやコーラスの楽しさ、こう云う中で本当によい友達が出来、あまり興味のなかつた話し方、社会科、ペン習字にも出るようになり、これらを学ぶ必要性も感じた」ことを語っていた(『江戸川区の青年学

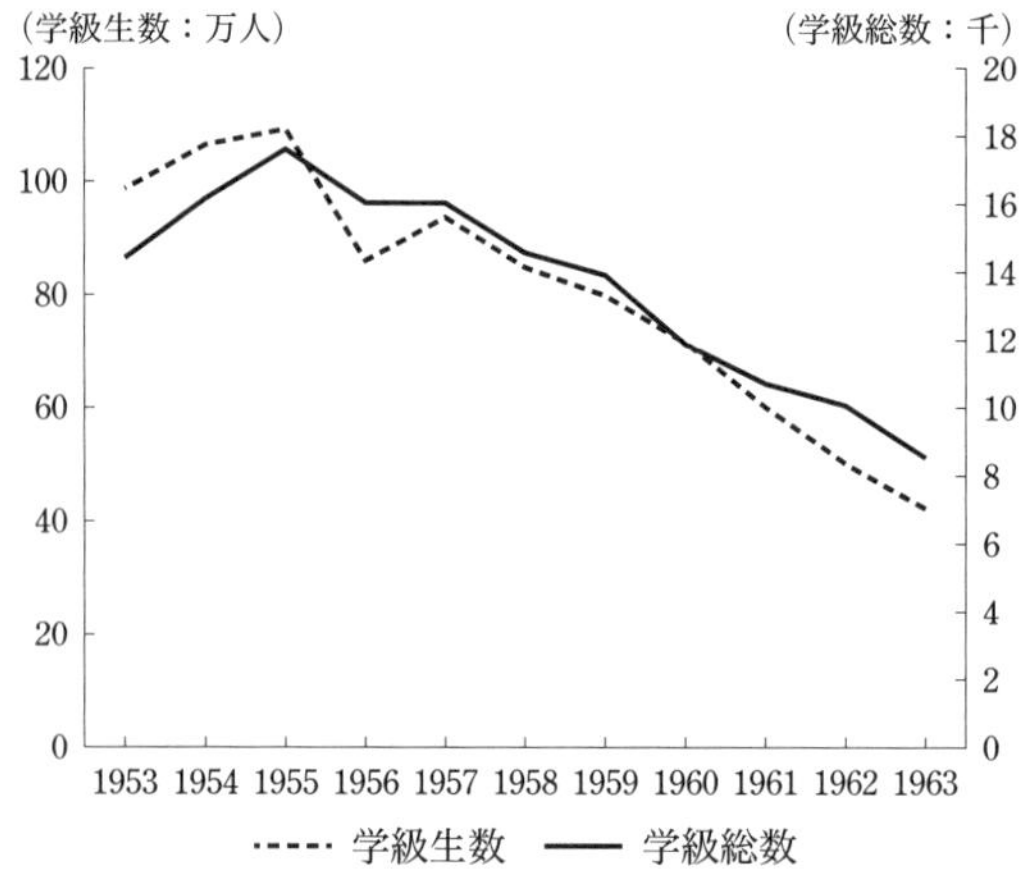

図 1-10　青年学級開設数・学級生数の推移

級』一九五九年」。青年学級でしばしば催されたレクリエーションから実学、および社会科のような一般教養へと関心が広がるケースも、見られないわけではなかった。

裏を返せば、青年学級は上述のような困難を抱えながらも、少なからぬ青年たちに支持されていた。それは明らかに、農村青年の教養文化を下支えするものであった。これを裏付けるように、青年学級の開設数や学級生数は一九五五年前後にピークを迎えていた。

だが、青年学級はその後、急速に衰退傾向に入っていく(図1―10)。そこには、一九五〇年代後半以降の農村社会の変容と都市部への人口移動があった。その内実や背景について、以下に見ていくこととしたい。

3　農村社会の閉塞と人口流出

人口過剰と二三男問題

一九五〇年代後半以降、日本経済は高度成長期に入った。すでに朝鮮戦争勃発（一九五〇年）に伴う特需景気が、企業の旺盛な設備投資や技術革新を生み出していた。この動きは鉄鋼のような「川上産業」のみならず、家電などの「川下」の製造業にも波及した。そのことは産業界全体の労働生産性の向上と賃金上昇、そして製品の低価格化と品質向上をもたらした。その結果、冷蔵庫や洗濯機、白黒テレビなどの耐久消費財が、都市部を起点に急速に普及した。こうしたなか、後述するように、農村青年たちは集団就職などで都市に多く流入することとなった。

だが、それは裏を返せば、農村の停滞感が都市への憧れとの対比で可視化されるようになったことを意味していた。その根底にあったのは、農村の人口過剰の問題だった。

既述のように、終戦後の農村は、兵士たちの復員もあって膨大な人口を抱えることとなった。しかしながら、彼らを十分に養えるだけの農地はなかった。また、農地改革によって自作農が増加したとはいえ、戦地・外地等からの引揚者は、それまで日本内地の小作農だったわけではないので、原則的に農地改革の対象から外されていた［『はじまりの戦後日本』］。

農地を兄弟で分割相続することも、難しかった。一戸当たりの農耕地面積が小さくなることは、収穫量の低下に直結し、生活が困難になることは目に見えていた。したがって、農地は基本的に長男が相続し、二三男は別の就業機会を得られない限り、跡を継いだ長男に従属する地位に甘んじなければならなかった。彼らは農繁期には貴重な労働力であったかもしれないが、それ以外は「穀つぶし」視される存在であり、潜在的な失業状態に置かれていた。

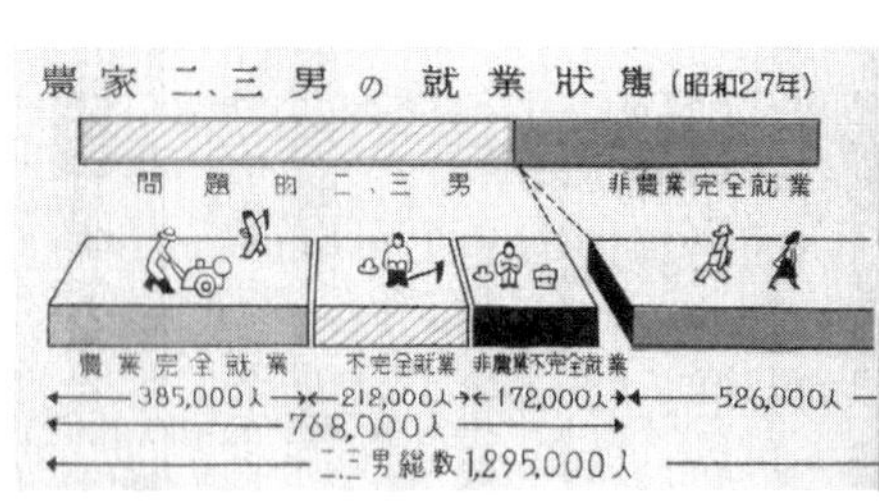

図 1–11　二三男問題（『日本農業年鑑　1955 年版』）

「二三男問題」は、一九五〇年代半ばにおいて、大きな社会問題となっていた。『日本農業年鑑　一九五五年版』（家の光協会）も、「自家の農業をつぐこともできず、さりとて特有の技能もなく、また何時までも農村に留まることを許されず、都市に出るにしても職と住に恵まれず、悶々のうちに補助的農業労働者、或は兼業労働者として日を送りつゝある二、三男の問題」を取り上げていた。同書によれば、農村の二三男のうち「特に現在の職業が不安定で、問題解決に急を要すると解されるもの」は約半数に及んだという（図1―11）。

ことに、中農層の二三男は状況が深刻だった。富農層であれば上級学校への進学をゆるす素地があり、貧農層であれば「いさぎよく家を捨て」て、大工業地帯等へ働きに出るしかなかった。しかし、中農層の場合、しばしば労働力が不足していたため、たとえ「跡取り」でなくても、「兄に嫁が来たり、弟妹たちが働けるようになり、新しい労働力がはいる」までは、中学卒業後、家の手伝いに従事しなければならなかった(『渋谷町青年教育調査報告』)。いつ農業を離れるのかも見通せず、また、将来を見越して職業技術を身につけることも叶わない。こうした「潜在失業の状態」に彼らは置かれていた。寒河江善秋も、「労働力が足りないために、家から出ることが出来ず、ずるずると家業を手伝いながら、一生独身のまま食事すら家族と一緒にできないような、悲惨な生涯をおくる男たち」を目の当たりにしていたことを、のちに『村の青年団』(一九七五年)のなかで記している。

雑誌『人生手帖』(一九五八年五月号)の特集「農村に住む青年男女の問題」では、離農後の職業準備も見通せない二三男たちの生きづらさについて、以下のように記されている。

農家に生れた二三男は、一部の人(高校に進学し、または会社、工場等に中学校卒業と同時に就職する人)を除き、ほとんどの人が中学校を終ると農業に従事する。少ない土地で一家の者だけが食べて行くのにやっとのような将来分地出来ない農家でも、苦しい生活で機械力の導入が出来ないために、二三男を労働力として頼る。長男が結婚する段になると、その相手の女性が働き手として加わるため、二三男の労働力がそれほど必要でなくなる。そこで二三男は外に仕事を見つけて働きに出なければならなくなる。だが、義務教育終了と同時に、農業に従事していた者は、農業以外に他の技術を持つことはほとんどできない。なんらかの技術を持っている人でも、就職の困難なこの社会で、農村出の何の技術の持ち合わせもない二三男ということでなおさら難かしくなる。

二三男たちは、生産性の低い農家における実質的な雇用の調整弁として位置づけられていた。いわば、任期がいつ切れるか見通せない非正規雇用の状況に、彼らは置かれていたのである。

さらに言えば、二三男たちは「単に潜在失業者であるだけでなく、性的な失業者」でもあった。彼らと同じ年代の長男たちは「二十二、三で嫁さんをもらい、子供の二人もいる」のに対し、彼らは「いつになったら嫁さんを貰えるか見当もつかな」かった。寒河江はしばしば、通勤帰りの際に、「薄暗い土堤」などで「若い男女のあられもない姿態」を見かけたことがあったが、それも、彼らが「性的な失業者」であったことと無縁ではなかった〔『村の青年団』〕。

必然的に、長男と二三男たちの間には、しばしば感情的な軋轢が生じていた。長男たちは、往々にして「二人も三人も弟達がゴロゴロして、この連中に畑や田圃を分けてくれと要求されたらどうしようと、内心ヒヤヒヤ」していた〔同書〕。そのゆえに、青年団・青年学級では二三男問題への対応がしばしば討議されたが、長男たちがこれに言及した際には、二三男たちが「俺たちを追い出すつもりか」と喰ってかかることもあったという。『日本の青年』(日本青年団協議会青年団研究所編、一九五五年)は、「「兄貴が死ねばよい」という恐ろしい考えが心の隙にしのびこんでくることさえある」ことにもふれながら、「家庭の内部まで感情のもつれをつくりだしているほどに問題は深刻化している」ことを指摘している。寒河江善秋も、相続争いの果てに兄が草刈り鎌で斬殺されるという事件が村内で起きたことや、青年団の社会部長をしていた親戚が、次男であることに悲観して服毒自殺を図ったことを記している〔『村の青年団』〕。

長男の憂鬱

しかし、長男からすれば、弟たちがうらやましく見えることも少なくなかった。二三男たちは、いずれは都市で仕事を見つけることが予想されるのに対し、長男たちは田畑を相続せねばならないゆえに、否が応でも農村を離れられないという制約があった。そのことへの苛立ちを、ある農家の長男の青年は一九五六年の文章のなかで、以下のように吐露している。

まったく農家の長男くらい、つまらない存在はないと思う。明け暮れ親のいいつけを守り、スッカリ気の抜けた生活、何かいえばすぐガミガミやられるから、いきおい無口にならざるを得ない。二、三男諸君の方がはるかに羨ましい。彼らは就職の悩みさえのぞけば、いたって気軽なものだ。したがって、都会へ通勤している諸君などは、とても明朗で、長男と二、三男とではまるっきり別世界の青年のようなちがいがある。〝原始的、封建的環境の下で村に残り、いやな百姓のままで一生土に埋れ果てなければならない〟という絶望感が、多くの長男の心を暗くみじめにしているのである。いくら働いても少しも楽にならない生活、はだしのまま泥田に入り絶えまなく続く重労働である。翌日の仕事の一切の予定は前の晩に父からこまごまいい渡され、タバコを買う金も、その都度一々もらいうけるのである。何一つ将来に明るい見通しもなく暗い宿命の重い十字架を背負い、常に背後から何ものかに叱咤されるような気持で、一足一足ひきずりながら歩いてゆく農家の長男青年たちの悲哀と絶望感を、果して誰が理解してくれるであろうか?〔「長男の悲哀」〕

閉塞感に満ちた農村・農家を抜け出すことができない長男の絶望感が、如実に綴られている。山岸進（埼玉県葛飾郡公民館主事）も、『月刊社会教育』（一九六一年四月号）に寄せた論考「就職する農村青年と教師」のなかで、「長男に生れてきたことをよろこんでいるものはひとりもいない。できたら農業を弟にゆずって、都会に出たいと思っている」と指摘している。

また、農村を抜けられないことは、都市部で勉学の機会を得ることができないことを意味していた。農村では定時制高校も遠隔であることが多く、それが近くにあっても家計の理由などで通えない者たちが多かった。青年学級は、そうした青年たちの受け皿であったわけだが、高度な知識を身につけ、正規の学歴の取得を望む者も少なくなかった。農村のある青年は、長男のゆえにその夢が叶わない苦悩を次のように記している――「このまゝ悶々の魂をいだいて、田舎に埋もれてしまうことはたまらないのです。私は東京にでて、理工関係の夜学に通つて、技術者になりたいのです。昼間働かなければ学校へは行けない貧しさなどは、私は悲しいとは思いません。悲しいのは、そのような勉強さえ許されない長男としての束縛と、複雑な家庭事情です」（『人生手帖』一九五二年二月号）。

二三男にとって、長男は家業を継ぐことができる点で羨望の対象であったが、長男にとって、それはしばしば、農村から脱却できない桎梏を意味していたのである。

旧弊と不合理

こうしたなか、長男か二三男かを問わず、多くの青年たちは農村に対して閉塞感や幻滅を抱いた。とくに、農家・農村に広く見られた旧弊や不合理は、その思いをつよくかき立てた。

山形県村山市のある青年は、「新しい農法で農業経営の合理化を目指して努力し」ようとしたが、「七十五歳になり時代感覚も古く農作業に直接たずさわらない祖父が家庭の経済的な実権を握っている」ため、まったく聞き入れてもらえず、その結果「挫折し、農村の悪習である夜這に一時の刹那的な快楽を追い、そこに青年期の吐口を求める様になつた」という〔『第二回全青研(二)‐一』一九五六年〕。鳥取県三朝町の女性青年も、青年団の学習会に出ようとしたり、農業のことで何か提言しようとするたびに、「女のくせに、理屈でもヨウこねて」と家族に叱られることに嫌気がさし、「家の中を平和にしようと思つたら、どこにも出るのをやめて、社会のこともなんにも云わずに、だまつてるよりほかに方法がない」と自暴自棄な気持ちを綴っていた〔同書〕。

当時の農家では、家長である父親が家計や農業経営の実権を握っており、家族はその指示のとおりに働くことが多かった。長男は、四〇歳頃になるまで、財産や経営を譲られなかった。相続を果たした長男は、やっとの思いで獲得した経営権であったがゆえに、「父と同じ事を自分の息子にもいったり、させたりして」いた〔『農村の青年学級の運営』一九五六年〕。自らが被った不遇や抑圧を下の世代に振り向けている構造を、そこに読み取ることができる。

さらに言えば、農村家族だけではなく、農村全般において、「若い者は年寄の云う事を聞いておれば間違ひない」という年長者の認識は広く見られた。和歌山県調月村では、青年団が青年学級のあり方について、公民館関係者に意見の申し入れを行ったが、そこでは「青年学級は村の予算で村が行うものであるから君達の意見を全面的に聞き入れる事が出来ない」「もし青年学級に不満があればこの学級を中止する」と言われたという〔『第二回全青研(二)-二』〕。

また、前述のように、小遣いを定期的に渡さない農村家族の習慣は、青年たちの自由を実質的に奪っていた。山形県天童市の青年調査報告(一九六二年)によれば、農業に従事する青年たちのなかで、「毎月きまって一定の額をもらう」は八・二パーセントにすぎず、「必要なときそのつどもらう」は四九・六パーセント、「きまっていない」が一八・八パーセントとなっていた〔『農村青年の実態調査1』〕。青年たちは趣味のために自由に使える金銭を持ち合わせておらず、何かを購入するためには、逐一、使途を親に説明しなければならなかった。それはすなわち、映画を観たり、本・雑誌を購入する際にも、親の監視に晒されていたことを暗示する。

このことは、青年たちの労働の対価が顧みられていないことを意味した。岐阜県高山市大八賀地区の農村調査をまとめた『農山村青年教育調査報告書』(一九五六年)は、「自分の田畑で一家の者が働いているいわゆる「家内労働」では、〝労働に対する報酬〟などという(近代的な)考え方を、持とうとしても持てない」ことを指摘しつつ、農村青年の閉塞感をこう綴っている。

「ナンボ働いても、自分のお金――小遣いがはつきりしないからつまらない。工場へいつている友達が、その点、うらやましい」とある女子青年がいつていたが、こうした声は何度かきいた。なんとか工夫はないものだろうか？

青年の自由を奪う小遣いのありようが、農村からの離脱願望と工場などの都市労働への憧れを生み出していることがうかがえる。

こうした状況のなか、いったんは進学の代替として農村改良に目標を転移させていた青年たちは、再びその意欲と希望を挫かれることとなった。千葉県社会教育課の職員は、「青年学級の〔農業改革に関する〕学習の結果が家庭の中で大きな壁につきあたり、それが深刻な悩みとなってあらわれて」いることを指摘しながら、こう記している。

農山漁村の封建的な家庭の中では、その青年は、単なる労働力の提供だけで、二〇才の成人式を終えた青年でさえも一人前どころか、半人前、〇・二人前の存在でしかないという。これに加えて、前近代的な家庭内の人間関係も手伝って、ますます張りをなくしているのである。部落においても青年たちで何かやろうと提案しても「何が、青二才が」といった形で片づけられてしまう。或青年は公明選挙の立場から、正しい選挙を、と熱望して提案しても駄目であった。部落では、町会議員などの選出については、次期はあの人、その次は誰々と、部落推薦の順番まできまっている仕末、部落ほど前近代的で封建的な人間関係を温存しているところはないと、怒りをこめて語った。まして家庭においては、農業経営の中心的役割りは父親で、母親や青年は従属機関で、単なる労働力の提供であり、小遣銭も得られぬという。父親には、「俺らあ、五十年も先祖から授かった百姓をやっているのだ。今になって経営をかえるならば、それこそ一年間食わずにいなければならねえ」といって否定されてしまうというのである。〔『青年学級のあゆみと展望』一九六四年〕

青年たちが家族や農村の不合理に押さえつけられ、青年学級で学んだ農業改革の知識を生かせない状況が、如実に綴られている。この職員は続けて、「彼等が共同のひろばで、研究して得た知識なり技術なりは、家の中に持ち込まれない境遇におかれていた」と述べている。進学にようやく諦めをつけ、農業改革に目標を転移させたにもかかわらず、それまでもが挫かれる状況に、彼らは置かれていたのである。

相互監視の「生きづらさ」

農村における相互監視や噂話の流布も、青年たちを息苦しくさせていた。鳥取県三朝町のある女性青年は、青年団の活動に取り組んでいるだけで、農村婦人たちのあいだで「あの娘さんはヨウ出なる」「この間も、平和のなんとかで、東京まで行きなさつたそうな」との話が広がり、彼女たちから距離をとられるようになったことを記している〔『第二回全青研(二)-一』〕。戦後初期の岩手の農村を観察した大牟羅良も『ものいわぬ農民』(一九五八年)のなかで、農村住民たちが「他所の家のタンスの中身をみんな知っているのではないか」と思われるほどに、「他人の生活に異常の関心を持っている」ことを指摘している。大牟羅は続けて、「お互いが他人の生活を凝視しながら、くらしている――これが部落の生活なのだろうかと思いました」と綴っているが、そこには、相互監視の目が張り巡らされている農村の息苦しさが透けて見える。

相互監視と噂が生み出される背景には、農村に「楽しみ」が少ないことがあった。愛知県西尾市の青年団に属するある青年は、噂や陰口が絶えない農村への嫌悪感にふれながら、一九五六年の文章のなかで、以下のように綴っている。

> いよいよこの農村で暮さねばならないと思つた時、何故自分は農村が嫌いだつたのか、農業がいやだつたのか、ふと考えて見た。すると農村には楽しみ、殊に若い人の楽しみと云うものが無い事に気がついた。私はいやな環境からぬけ出すことが出来ないのを知つて始めて自分の周囲をふり返り愕然とした。お母さん方を始め人々の話と云うものは他人のウワサやカゲ口、例えばO子さん〔=婚家で執拗ないじめにあって離縁を強いられた女性〕の問題などばかりではないか。何故だろうか。これは話題を持たないから。それなら何故話題を持たないのだろうか。そこでかつての農家の婦人は本を読むひますらなく年老いて行か

ねばならなかつたことに気が付いた。［『第二回全青研（二）－二』］

農村には娯楽も少なく、また、読書を通じて、身の回りの人間関係以外に視野を広げることも限られていた。それは、「他人の生活の凝視」へとつながった。そこから導かれる「人の噂」は顔見知りばかりの村のなかで、急速に広がるのが常であった。

このことは、青年団や青年学級などでの自由な討議を困難にした。先の西尾市の青年は、同じ文章のなかで「［青年団や読書会において］極くわずかな人をのぞいては村内の問題、殊に会員に関した事柄はどうもさしさわりがある、と云つて避けている傾向がある」ことを指摘したうえで、その要因として「家庭上、生活上の悩みが見栄や外聞の為に素直に大勢の席上では発言出来ない」ことをあげていた［同書］。村内の相互監視のゆえに、自分の思いや悩みを吐露できない閉塞感がうかがえよう。

農村のジェンダー・ポリティクス

これらに加えて、女子青年たちはまた異なる抑圧に苛まれていた。ひとつには、進学をめぐる不平等があった。親たちのなかには、兄や弟には進学を認めても「女だから」という理由で娘の進学を許さないケースが見られた。『日本の青年』（日本青年団協議会青年団研究所編、一九五五年)では、「もしお前が男だったら無理をしても上げてやるが、女は頭が高くなるからだめだ。男の上にのさばる女はだめだ」として上級学校に進ませない親の事例があげられている。『農村青年の実態調査1』(一九六二年)でも、「高校へも進学できず、弟が大きくなるまでひたすら家のために働いてきた」女子青年たちが、「いまさら他に勤めることもできず、あきらめて農業をやっている」ことが指摘されている。それは言うまでもなく、高校に上がれなかった女子青年たちが、二三男問題と同じ状況に置かれていることを示している。

青年団のなかでも、女性は従属的な地位に置かれていた。先の『日本の青年』においても、「[青年団の]酒の席で男たちに酌をさせられたり、残り片付けに使われたりしている場合も多い」ことが記されている。三重県大河内村の青年団員も、一九五六年の文章のなかで「女子と言へば終始、スミの方へかたまつてシィーンとなつて可愛いそうな位です」と綴っている(『第二回全青研(二)-二』)。青年団は多くの場合、男性優位の構造を有しており、女子団員の役割が「男子活動の下働き的存在」であることは珍しくなかった(『農村青年の実態調査1』)。

だが、それにもまして深刻だったのは、婚姻の問題であった。当人に結婚相手の希望があっても、「うちほど田んぼがありやァ、あがんところに行かァでも、もつとエエところがある」として、「親に強制された結婚」を受け入れざるを得ないことが一般化していた(『第二回全青研(二)-一』)。青年たちは中学就学時に、「婚姻は、両性の合意のみに基いて成立」することを謳った新憲法の条文を学んでいたが、それとは異なる農村の実状に、苛立ちを覚えていた。もっとも、正確に言うならば、結婚を決めるのは親というよりは「世間」であった。一見、親の意向が決定権を有しているように見えつつ、そこでは、顔見知りばかりの村のなかで、誰との婚姻がもっとも釣り合うのかが意識されていた。大牟羅良は『ものいわぬ農民』のなかで、以下のような村の青年の発言を引いている。

部落がせまいし、それに通婚範囲もせいぜい村内に限られているので、村の人々は殆どの家の家族構成から人柄、財産程度、血縁関係、若い男女の学校時代の学業成績までわかっている。そこでどこそこの家には結婚適齢の息子があって、その息子の年は何歳で、学業成績は何番だった、田は何反歩に畑は何反歩、それに山が何町歩な筈だ。するとあそこのめらしっコが年あんべえから、学校時代の成績から、財産も同じくれぇだべし、ちょうど似合うでねぇか……

要するに、親たちが子の婚姻を考える際に基準にするのは「世間でどう思うだろうか」ということであった。これは、村内の相互監視の帰結でもある。村では互いに、家族構成から財産、かつての学業成績まで知悉しているがゆえに、「その結婚が釣り合うかどうか」ということが話題になりやすかった。大牟羅は、先の青年の「結婚の相手は親がきめるんでなく、世間がきめるようなもんだなァ」という言葉も引いているが、それは、財産から婚姻に至るまで相互監視が張り巡らされている村落社会の構造に起因するものでもあった。

「嫁姑」をめぐる問題

結婚後の展望のなさも、大きな問題だった。農家に嫁いだ先に待っていたのは、際限のない無賃労働と「嫁いびり」に堪えねばならない毎日だった。農家の「嫁」は日々の農作業に加えて、食事の準備や後始末、洗濯、繕い物の一切をこなさねばならなかった。岐阜県福岡村の女子青年団員は、「私の兄嫁を見ていると、朝から晩まで働き通しで、子供に乳をのませたりする他は休んだり横になつたりできない。炉端でねむりに落ち入りそうなのを耐えて野良着のつくろいや風呂のあとしまつを夜遅くまでやつております」と記しているが『第二回全青研(一)』、これは一般的な「農家の嫁」の姿だった。農村では、「嫁を迎える」ことを「手間をもらう」とも言ったが、それはまさに、農作業と家事の無償労働力を獲得することを言い表していた。

こうした「嫁」にとって、家庭はつねに監視の目が張り巡らされた場であった。群馬県の農村で「嫁さん」の実態調査を行ったある女子青年団員は、彼女らの生活について「いつも家族の者から干渉され、自分の意見すらも思う様に言へず、びくびくした毎日の生活」と表現していた［同書］。

なかでも姑による監視には神経質にならざるを得なかった。大牟羅良は『ものいわぬ農民』のなかで、「おらは一番困るのは、マンマ食う時姑さんに早ぐ立たれるごどでがんす。姑さんが立ったのに、おらが後まで残って食っていられながんすもの……」という農村女性の言葉を引いている。食事の準備や授乳のために、食事がまだ半分も済んでいないにもかかわらず、姑の視線を恐れて、満足に食事すらできない状況が浮かび上がる。

彼女たちは、何らかの作業があるときばかりでなく、一定の時間の余裕があるときでさえ、監視の目を意識しなければならなかった。先の群馬県の女子青年団員は、「新聞でも見ていようものなら姑を始め家族の者からつめたい批判の目を向けられるので、読む時間は多少あつても何かしら動いていなくてはならない」ことを指摘していた［『第二回全青研（一）』］。

それもあって、「農家の嫁」にとって、農閑期は農繁期以上につらいものだった。大牟羅は、先の著書のなかで、「農繁期より農閑期の方がつかれるような気がする」という「あるヨメさん」の発言を引いている。農繁期であれば、田畑に出ていることが多く、その間は姑の目から離れることもあったわけだが、農閑期には在宅時間が長くなるため、終日、姑の監視下に置かれることになる。何かの屋内作業があればまだしも、それがないからと言ってくつろいだりしていると、怠惰を責められかねないので、無理にでも作業を探さなければならない。「農家の嫁」たちの日常は、姑をはじめとする家族のこうした監視のもとに置かれていたのである。「嫁」に対する理不尽な仕打ちも珍しくなかった。一九五三年に茨城県鹿島郡の農家の「嫁」になったある女性は、「布団を裏の畠に捨てられたり、米やおひつをかくされたり、下駄をすてられたり、過労で寝た時は、仮病を使うと云はれて、義姉に手拭で打たれ、そして野良着を枕元に投げつけられた」ことを記している〔『第二回全青研（二）』〕。

大牟羅は、自らの軍隊経験を振り返りながら、こうした「農家の嫁」たちの生活を初年兵の内務班に重ねている〔『ものいわぬ農民』〕。

　私の初年兵時代の内務班の生活、あの古年兵たちの凝視にさらされての生活、それは正しくこのヨメさんと同様でした。ない仕事まで無理にも見つけ出して動いていなければならなかった生活、それはたしかに、野外演習に出て猛訓練しているより私にはつらく思われるものでした。農家の初年兵、それはヨメさんである、と私は思います。

不断の監視と理不尽な仕打ちに晒されていた「農家の嫁」の生活は、つねに古年兵に難癖をつけられ、暴力を振るわれた初年兵の内務班生活と重なり合うものがあった。

もっとも、姑は一方的な「加害者」であったわけではない。彼女たちも、かつて「嫁」であった頃には、その姑たちから同様の扱いを受けていた。姑たちは、今度はその仕打ちを「しつけ」と称して、新たな「嫁」に振り向けていたのである。先の岐阜県福岡村の女子青年団員は、「姑は封建時代の過去の自分の立場を嫁に強要しようとします」「そういう事に忍従して来た女性が親になると再び嫁に自ら踏襲させることをしつけだといいます」と記しているが、これは「農家の嫁」をめぐる暴力の連鎖を如実に示している『第二回全青研（二）』。そして、これもまさに、内務班に通じるものであった。大牟羅は、先の記述に続けて、こう述べている。

内務班だけの生活をつづけたヨメさんが、やがて何十年か後に姑さんになる。その姑さんはどんな姑さんになっているのでしょうか。長い間に鬱積した抑圧を一体誰にたたきつけるのでしょうか。「初年兵という者はこんなものでないんだ！　初年兵というものはどんなものだか教えてやるか！」こう言われて古年兵たちになぐられてきた私、人間性の不当な抑圧は必ずどこかに爆発せずにはいないものだと思うのです。

ここで思い起こされるのは、丸山眞男による「抑圧の移譲」の指摘であろう。丸山は論文「超国家主義の論理と心理」（一九四六年）のなかで、自らの内務班生活を念頭に置きながら、「上からの圧迫感を下への恣意の発揮によって順次に移譲して行く」ような軍隊内の暴力の構造を指摘したうえで、末端の兵士たちによる戦地での暴虐を生んだ構造を、こう論じている――「市民生活に於て、また軍隊生活に於て、圧迫を移譲すべき場所を持たない大衆が、一たび優越的地位に立つとき、己れにのしかかっていた全重圧から一挙に解放されんとする爆発的な衝動に駆り立てられたのは怪しむに足りない。彼らの蛮行はそうした乱舞の悲しい記念碑ではなかったか」。大牟羅は、明らかに丸山のこの議論を念頭に置きながら、「農家の嫁」を取り巻く問題のなかに、内務班と同様の「抑圧の移譲」を読み取っていた。

「生け花」と農村離脱の夢

必然的に、農村の女子青年たちは「農家の嫁」になることを避け、あわよくば農村から脱出したいという願望を抱いた。岐阜県福岡村の先の女子青年は、「私も農家へいつたらあの通りだと思うと耐えられないかなしさが沸いて来る」と記していた〔『第二回全青研(一)』〕。愛知県西尾市の青年団でも、「労働と因習にかこまれ、乙女らしい夢からはおよそ遠」い農村の状況を念頭に、「私達の中に進んで百姓に嫁ぐなんてあるかしら? 私だつたらやだわ」という会話がなされるのが常であったという〔『第二回全青研(二)-二』〕。

そこには、戦後民主主義の理念が一定程度、広がりを見せていたこともあっただろう。大牟羅は、「ヨメさんたちは民主主義という言葉に期待をかけ〝ヨメというものはこんなもの〟というあきらめがなくなった」だけに、「戦後のヨメさんの苦しみ」が「より切実になってきている」ことを指摘している〔『ものいわぬ農民』〕。かつて学校で教わった民主主義の理念との矛盾が、「農家の嫁」ひいては農村に対する嫌悪感を倍加させていた。

このことは、茶道・生け花・和洋裁・料理などへの関心につながった。前述のように、青年学級ではこれらの講座が多く開かれていたし、青年団も女子団員の早期退団を防ぎ、出席をよくする意味合いもあって、これらの講座を設けるものが少なくなかった〔『日本の青年』〕。いわゆる「花嫁修業」「お稽古事」である。『日本の青年』(日本青年団協議会青年団研究所編、一九五五年)では、「現在の家庭生活の中に生花や茶の湯がどれほどの役割を果しているかはわからないが、農村の娘たちは結婚適齢期になると、たれもかれも申しあわせたように花嫁修業に身を入れだすのである」と指摘されている。

図 1-12　青年学級での生け花の授業(1960 年代前半ごろ)

だが、和裁であればまだしも、洋服を着ることが少なかった農村では、洋裁の必要性は高くはなかった。生け花や茶道に至っては、農村家庭において「どれほどの役割を果しているかはわからない」のが実際のところであった。にもかかわらず、なぜ農村女子青年に受け入れられたのか。そこには、「農家の嫁にはなりたくない」という彼女たちの思いと、「自分の娘には農家の嫁として苦労させたくない」という母親たちの意図があった。『日本の青年』は、これに関して、次のように述べている。

母親の考えは、自分の生活体験以外のくらし、たとえば裕福な都会生活を娘にさせることを願っている。それには娘にふさわしい資格をつけてやらなければならない。はっきり意識はしていないであろうが、売りものとして娘をみがくことに親は心をくだく。おけいこ事がそれで、嫁にいってから習ったことが日常役に立つ立たぬは問題外で、いわゆる〝よい所〟に娘をやる準備として〔……〕けいこ事はまず第一に大切なものとなっている。

山形県天童市の青年意識調査報告（一九六二年）においても、「女子青年たちは、今後も農業をつづけていくかというと、必ずしもそうではない。できるだけ早く農業をやめて、農家以外のところへ嫁にいきたいというのである。そのために洋裁や生花、茶の湯などを習っている」と書かれている〔『農村青年の実態調査1』〕。生け花・茶道をはじめとした「おけいこ事」は、都市中間層に「嫁ぐ」ための「嗜み」を身につけるべく、習得されていたのである。そこには、「農家の嫁」にだけはなりたくないという女子青年の意志と、「娘を農家の嫁にやりたくない」

という母親たちの思いが重なり合っていた。青年団・青年学級におけるこれらの講座には、農村離脱や社会上昇をめぐる願望が込められていた。

人口流出と青年団・青年学級の衰退

青年たちの農村嫌悪が高まる一方、日本全体では高度成長の時代に差し掛かりつつあった。先述のように冷蔵庫や洗濯機などの耐久消費財は、都市部を起点に熱狂的ともいえるスピードで普及した。一九五八年の皇太子婚約発表(ミッチー・ブーム)は、白黒テレビの普及を後押しした。これに伴い、広範な工業部門で設備投資と労働生産性の向上が進み、都市工業部門を中心に、賃金が大幅に上昇した。当然ながら、多くの農村青年たちが都市部に流入することとなった。次章でも述べる集団就職は、こうした人口移動を制度的に支えるものであった。

だが、重要なのはそればかりではない。青年たちが感じていた農村の閉塞感や「農家の嫁」になることへの拒絶感が、そもそも農村からの離脱願望を生み出していた。都市部を中心とした経済成長と青年たちの農村嫌悪が相俟って、農村から都市への人口流出が進んだのである。

農村から都市へ青年たちが流出したことで、かつて深刻であった農村の人口過剰は解消し、二三男問題も見られなくなった。しかし、そのことは、青年団・青年学級の人員の激減に直結した。既述のように、一九五五年には青年学級の開設数は一万七六〇六、学級生総数は一〇九万人に達し、ピークを迎えていた。だが、その後は高度経済成長が進むなか減少の一途をたどり、一九六四年には七七三六学級、三六万人と半減以下になった〔『地域青年運動50年史』〕。また、『朝日新聞』(長野県域版、一九五八年一月三一日)では、長野県下の青年団員数が一九四九年には一〇万人を超えていたものが、一九五七年ごろには四万五〇〇〇人程度に落ち込んだことが報じられている。

進学率の上昇も、青年団・青年学級の参加者数の減少に拍車をかけた。一九五五年の高校進学率は五一・五パーセントであったが、一九六一年には六二・三パーセント、一九六三年には六六・八パーセントに達し、一九六五年には七割を超えるに至った。中学卒業者を主たる対象としていた青年学級で学級生が減少したのは必然的であったし、高校での諸活動に追われる高校生たちが青年団に参加できないのも当然であった。

構成員の変化と「意識」のギャップ

青年団や青年学級の構成員の変化も、顕著になった。大都市圏への人口流出の一方で、農村から周辺都市の工場・商店に通勤するケースも見られるようになった。そのことは、青年団において、農業に従事する青年と通勤する青年とが混在する状況を生み出した。そうなると、共通の関心を見出し、討議することは困難になった。先の山形県天童市の調査報告(一九六二年)

でも、「青年団員は、農業青年も通勤青年もいっしょであるから、集団自体として生産の問題をとりあげるということにはなかなかなりえない」「通勤青年のなかには、家で農業などをやっているより、勤めていた方がましだという、一種の優越感をもっている青年もあって、農業青年とのあいだに共通の広場をもとうとしない」と指摘されていた〔『農村青年の実態調査1』〕。

また、高校進学率が上昇するなか、高卒者が青年団に加わる傾向も見られたが、そのことも、内部の軋轢を生んでいた。山形県天童市の調査報告でも「中卒者と高卒者の人間関係の対立が、この地域における青年団の組織化にとって一つの障害になっている。青年団に高卒者が多ければ中卒者は加入しなくなるし、集団活動を高卒者むきにすれば中卒者から反発されることになる」と記されている。『渋谷町青年教育調査報告』(一九五五年)は、職業・階層・学歴が入り混じった青年たちの反目を、以下のように赤裸々に綴っている。

　進学率の低いこの町において、進学者の多くは、町部の商家・勤め人の家庭の者で占められているようである。中学校卒業後しばらくのあいだは、進学者もそうでない者もへだてのない間柄であるが、月日をかさねるにつれて、途中で会っても口をきかなくなることが多くなるそうである。進学者の側に優越感情が、非進学者の側に劣等感情が育っていくようにみえる。自分のことだけやっていればそれですむ商家・勤め人の家庭の青年と、労働に追いたてられた生活を送る農家の青年とのあいだに、知識の量の落差が深まるのも手伝って、両者は感情的に対立してくる。

進学率が上昇し、また周辺都市への通勤者が増大するなか、青年団は規模を縮小させつつも、かつてとは異なり中卒農業青年以外の層にも広がりを見せつつあった。だが、そのことは、往々にして内部の反目や機能不全を生み出していたのである。

青年学級に入る層にも変化が見られた。高校進学率が上昇し、家計が原因で高校に進めない状況が改善されたことは、高校不進学者のなかで学業不振層の占める割合が増えたことを暗示する。それは、青年学級生の基礎学力の低下をもたらした。全国青年学級振興協議会編『青年学級のあゆみと展望』(一九六四年)でも、六〇年代初頭の状況として「高等学校に入るだけの知的能力がない」層が「圧倒的」に増えていることが指摘されている。

こうした状況は、必然的に青年団や青年学級における討議を困難にしていった。山形市の椹沢青年学級の有志は、文学作品の輪読や時事問題の討論を行う読書会を一九五五年に立ち上げたが、その際、他の青年団員たちから「いゝ気になりやがって、偉いふりしてなあ」「お前本当に入るんだら、俺はお前とこれからつきあわねぞ」といった憎悪の言葉を浴びせられたという[『明日を作る青年たち』]。彼らが「憲法問題」や「平和論の進め方についての疑問」(福田恒存)

を取り上げた際には、「文化人」という蔑称を投げつけられた。高校進学者や周辺都市通勤者に対する劣等感と反感が、読書会メンバーへの苛立ちにつながったことは想像に難くない。

青年団に農業青年以外の層が増加したことは、「農村改良」をめぐる討議の場が失われることに直結した。既述のように、農村改良の議論は決して「実利」にとどまるものではなく、自然科学や社会科学の知とも結びつき、その意味で教養との親和性があった。だが、青年団・青年学級の衰退と変質のなかで、「集団自体として生産の問題をとりあげるということにはなかなかなりえな」くなり、農村改良をめぐる討議と読書の場は縮小した〔『農村青年の実態調査1』〕。

高度成長下における農業経営の多角化も、こうした状況を後押しした。一九六〇年代初頭の山形県天童市では、水田単作から果樹栽培、酪農、そして、これらの組み合わせなど、多様な農業形態が見られた。だが、『農村青年の実態調査1』(一九六二年)によれば、こうした状況は「個々の農家の技術を分化させ、市場経営内容の多様性が競争をはげしく」し、「競争がはげしいことが内面的な対立を生み、各農家の技術交流を阻害して」いたという。そのことは、青年たちの討議の場を縮小させ、結果的に彼らに「封鎖的な孤立生活を余儀なく」させた。

村落・部落の単位団(分団)と県・市レベルの連合青年団(本団)との温度差も目立ちつつあった。『渋谷町青年教育調査報告』(一九五五年)では、「本団と分団との連絡は、ほとんど断たれんばかりになっている」ことについて、以下のように綴られている。

団の運営、計画は、事実上、本団の幹部のあいだで決定され、一方的に支部に流されることが多い。代議員制度があるが、支部の団員で、この企画にあずかれるのは、せいぜい支部長どまりになることも多いといわれている。それに幹部は、推薦的色彩の強い選挙でえらばれるが、それはおもに、中央へでかける機会の比較的多い青年学級生がおしあげられ、支部の一般団員から、うきあがる傾向があるところもある。それなら、一般団員のあいだに、その意見を本団に反映させようとする動きがあるかというと、その意見を本団に反映させるに足りる固い組織は、まったくつきくずされているといってよい状況である。

地域に密着しながら生活している一般の団員たちと、社会問題への関心を有しながら市・県さらには全国の青年団協議会と関わる役員クラスの齟齬が透けて見える。ちなみに、「いゝ気になりやがって、偉いふりしてなあ」という言葉を浴びせられた先の読書会メンバーは、「青年団、青級［＝青年学級］幹部の優秀と目される人達」であった『明日を作る青年たち』）。いずれは市や県の青年団役員になるであろう青年への反感も相俟って、最末端の村落青年団では、読書や農村改革という主題での討議が難しくなりつつあった。

こうしたなか、農村在住者においてさえ、青年団・青年学級参加者が急速に減少するようになった。『農村青年の実態調査1』(一九六二年)は、天童市の在村青年(一五―二五歳)における青年団加入率を一〇パーセント程度と見積っており、「在村しながら青年団に加入しない青年もふえてきている」「お祭りや労力奉仕、それに花見や芋煮会、運動会ぐらいしかやっていない青年団では、気のきいた青年はなかなか入ってこない」と指摘していた。岐阜県高山市漆垣内地区でも、同様の年齢層の青年八〇名中、団員は一三名にすぎなかったという〔『農山村青年教育調査報告書』〕。

先の『朝日新聞』(長野県域版、一九五八年一月三一日)は、「脱落者相次ぐ青年団」という見出しで、「〝大揺れ〟という言葉が、このごろ県連青(県連合青年団)の幹部達の間で流行している」と報じているが、それは全国的に見られる現象だった。都市への人口流出と在村青年の不参加が目立つなか、青年団・青年学級は機能不全に陥り、教養や討議の場として成立し難くなった。そのことが、さらなる参加者の減少を生み出し、戦後農村の教養文化は衰退していった。

「政治の季節」の追い打ち

六〇年安保闘争をはじめとする「政治の季節」の高揚は、こうした事態に追い打ちをかけた。一九五八年の警察官職務執行法(警職法)改正の際には、反対運動が高揚し、一〇月から一一月にかけて五次にわたる全国統一行動が展開された。六〇年安保改定では、衆議院での自民党単独可決（一九六〇年五月二〇日）や警官隊と衝突した樺美智子の死亡（同年六月一五日）が広範な憤激を招き、全国で五八〇万人が反対デモに参加する事態となった。

青年団も統一行動の集会やデモ、署名活動を行うなど、六〇年安保闘争に深く関わっていた。『長野県青年団運動史』（一九八五年）は、これをきっかけに長野県連合青年団が「行動する青年団に脱皮した」と指摘しているが、同様のことは、他の地域の青年団でも広く見られた。

だが、他方でそこに透けて見えたのは、青年団役員層と一般団員の乖離であった。長野県岡谷市の青年団員は、「安保が頂上のとき、私は青年団に入ったばかりだった。その頃、連青〔＝岡谷市連合青年団〕は役員だけのもので、会員はただついていくだけだった」「青年会は、安保の学習だということで、役員の意識はたかいようだが、会員はまるで無関心なようです。なかには、青年会で安保なんかやると、会社でよく思われないというところもあったようですが……」と当時のことを回想している〔「工都岡谷市　川岸地区の青年たち」〕。和歌山県で社会教育主事を務めた高垣源徳も、勤務評定闘争（一九五七―五九年）が社会的に高揚した時期には、「賛成論、反対論についての学習も盛に行なわれ、青年団と表裏一体となっている〔青年〕学級などでは、学習討論は当然としても、態度を表明して行動をおこしたところではいろいろと問題を残したところもあった」と書き残している〔『青年学級のあゆみと展望』〕。運動に熱心だった層とそれ以外の団員・学級生のあいだで反目があったことを暗示する記述である。

さらに言えば、安保闘争をはじめとする「政治の季節」の高揚は、しばしば青年団の役員層・指導層を政治運動に近づけた。座談会「青年運動の新しい動力」(『月刊社会教育』一九六一年四月号)では、長野県の青年団役員を務めた青年が日本社会主義青年同盟(社青同)に入ったきっかけについて、こう述べていた――「やはり、青年団の幹部をしてますから、将来の展望というような面で、指導するばあいにも、そういう理論をつかまなくちゃならない。自分自身、やはり、思想的につよめていかなければならない、というようなことを考えたわけなんです」。大阪の青年団で事務局員を務めていた青年も、「自分自身にもそういう理論を身につけたいということで、そういうなか[=社青同]へ入って勉強したいとおもったんです」と語っていた。

こうした動きは、一般団員との乖離を招いた。『月刊社会教育』(一九六一年一〇月号)の座談会「長野の社会教育を語ってもらう」のなかで、ある青年団関係者は六〇年安保闘争の高揚期を念頭におきながら、「私の所でも逃腰団員は多いですね。自分の幸福だけを考えさせてくれ、安保のような問題は大きな組織に頼ればよいといった気持じゃないでしょうか」と語っている。「逃腰団員」という蔑称からも推測されるように、政治意識の高い「優等生」の団員と圧倒的大多数の「逃腰団員」との断絶が、そこには透けて見える。

かくして、青年団や青年学級は、「農村の教養共同体」の役割を手放すこととなった。戦争への憤りや旧来的な農村社会への違和感、進学をめぐる鬱屈などが相俟って、青年団や青年学級は、農村の読書文化を育み、また、「農村改良」をめぐる討議を通して、社会科学的な関心をかき立てた。しかし、農村の旧弊や生きづらさのゆえに、高度成長期には多くの青年たちが都市部に流出した。青年団・青年学級に残った青年たちは、学歴・階層・勤労形態など多様になったが、そうした状況は共通の論題を見失わせることとなり、むしろ意識のギャップや反目が目立つようになった。六〇年安保闘争に代表される「政治の季節」の高揚は、それに拍車をかけた。「農村の教養共同体」は、こうした戦後社会の変化のなかで、消失していった。

では、都市部に移り住んだ青年たちは、教養や読書をどのように受け止めたのだろうか。次章では、定時制や企業内養成所を取り上げながら、都市部における勤労青年の教養文化の盛衰を辿っていきたい。

第2章
上京と「知的なもの」への憧憬
集団就職と定時制

定時制高校の授業風景(1958 年ごろ)

1　上京への憧れと幻滅

集団就職

東京都渋谷公共職業安定所管内の商店連合会は、一九五四年度に傘下二十余の商店の求人六〇人分を職業安定所に申し込み、渋谷職業安定所は新潟県高田公立職業安定所と連携して、集団的な職業紹介を行った。これはその後、職業安定所の後押しもあって、人手不足に悩む他の中小工場・商店にも広がっていった。いわゆる集団就職の先駆けである。

地方農村部の新規中卒者たちは、地元の職業安定所や中学校から就職先を斡旋され、春になると教師に引率されて都市部の勤務先に赴いた。国鉄はそのための臨時列車を運行し、一九六三年には労働省、都道府県、職業安定所、交通公社がタイアップするようになった。一九六四年にはピークを迎え、集団就職者は七万八四〇〇人、専用列車はのべ三〇〇〇本に達した。

もっとも戦前期にも、地方部から都市部へ就職する多数の少年たちを乗せた臨時列車は、たびたび運行された。その意味で、集団就職は高度経済成長期に特有の現象というわけではない［『集団就職とは何であったか』］。とはいえ、この時期の集団就職が、過剰人口状態にあった農村部から都市部へと若年労働者を供給し、高度経済成長を下支えしたことは、多く指摘されるとおりである。なかでも、当初、都市部の労働者として多く求められたのは、新規中卒者であった。彼らは「社会的にも職業的にも未経験者であり、精神的にも肉体的にも未成熟な労働力」であっただけに「産業労働力として、どの産業分野、どの職業分野にたいしても、適応し得る」と考えられていた〔『日本労働市場分析(上)』〕。言い換えれば、従順で単純労働を厭わず、賃金も低く抑えられると目されていたことが、新規中卒者の労働需要につながった。

ただ、農村出身の勤労青年が大企業に就職できるケースは、ごく限られていた。都市近郊の大手工場は、中小・零細の工場・商店に比べると、雇用の安定性や教育制度、労働の環境・待遇において、はるかに恵まれていた。しかし、そこで多く採用されたのは、都市部の若年層であった。寮や寄宿舎は、紡績工場などを除けば、大手の工場であってもあまり整備されていなかった。そのため、遠隔地の出身者の雇用には消極的で、通勤可能な都市在住者が優先的に採用されていた〔『集団就職の時代』〕。

図2-1　上野駅に到着した集団就職者(1962年)

そこには、家庭における「指導」が期待される側面もあった。一〇代半ばの勤労青年は、義務教育を終えているとはいえ、必ずしも精神的に自立しているとは言い難く、勤労意欲をなくして「非行」に走ったり、職場の同僚の影響で組合運動にのめり込むことも危惧された。その際、通勤労働者であれば、身元保証人である親に連絡を取りながら、彼らによる「指導」を期待できた。それは言わば、労務管理のコストを抑えることでもあった。

加えて、都市部は農村部に比べれば高校進学率が高かった。一九六〇年時点の全日制高校進学率は、全国では五二・二パーセントであったのに対し、東京都内(公立中学卒業者)の場合、六七・六パーセントにのぼっていた〔『都立定時制高校の現状と課題』〕。こうしたなか、大手工場が都市部の若年労働者を多く採用したことによって、都市部の中小・零細企業は近隣の新規中卒層の採用が困難となった。折しも、一九五〇年代後半以降、日本は高度経済成長期に入り、人手不足が広く見られた。集団就職は、こうした背景のもとで、規模を拡大させていった。

定時制という選択

都市部の工場・商店に就職した年少労働者のなかには、進学できなかったことへの鬱屈を抱いたり、それが困難であることは理解しつつも、就学への希望を抱く者が少なくなかった。中学卒業後に紡績工場に就職した女性は、一九六四年の文章のなかで、「向学心を押さえ、入社した時は、仕事に身が入らず、一つも楽しくなかった。そして、高校生を見ると、自分が最低な人間みたいな気がして、その人の顔を見るのがはずかしかった。高校へ行っている者だけが立派な人間で、そして今の社会に重要視されているようであって悲しかった」と綴っている『伸びゆく力』」。『年少労働の現状』（労働省婦人少年局、一九五六年）でも、「就学していない年少労働者の半数以上のものは就学を希望している」ことが指摘されていた。

こうした層を対象に設けられたのが、定時制高校であった。一九四七年の学制改革に伴い、新制高等学校が発足したが、その際、「高等学校には、通常の課程の外、夜間において授業を行う課程又は特別の時期及び時間において授業を行う課程を置くことができる」（学校教育法）とされた。これに基づき、義務教育を終えた勤労青年に対して、後期中等教育を提供すべく設置されたのが、定時制高校である。戦前期の夜間中学校・夜間実業学校と青年学校の流れを汲むものであったが、青年学校とは異なり、正規の後期中等教育制度に組み込まれていた。ただし、全日制が三年間の課程であるのに対して、定時制の修業年限は四年以上とされた。定時制課程では、日中の仕事を終えて通学する夜間授業が一般的だったが、それ以外に、農村地域では農繁期・農閑期を勘案しながら昼間授業がなされたり、あるいは、昼夜間を組み合わせて授業が行われるケースもあった。

ただ、地方では総じて、定時制高校は振るわなかった。たとえば、福島県では、一九四八年度の設置当初は「農山村にプールされていた青年がこぞって入学し、どこの学校も定員をはるかに上まわる盛況」だったが、次年度以降になると「年々入学者が減少し、中退者が続出ということで、各学校とも定員を満たすまでにいたらなかった」ということで、各学校とも定員を満たすまでにいたらなかった」という〔『定通教育十周年記念誌』〕。

その背景には、分校設置の困難や統廃合があった。交通の便が良くない農山村では、遠方の定時制高校(本校)に通学することは容易ではないため、少なからず分校が設置された。当時の農業県が分校設置上位を占めていたのも、そのゆえである(表2―1)。しかし、分校の経費は、教員の人件費を県費負担とするほかは、すべてが当該市町村の負担とされた。それは、財政的に潤沢でない市町村に分校設置を躊躇(ためら)わせたり、統廃合に踏み切らせることになった。「一部青年のための過重負担には応じられない」という住民のつよい意向もあった〔『勤労青少年教育の終焉』〕。さらに、地方財政再建促進特別措置法の制定(一九五五年)は、財政赤字の自治体が分校経費を支出することを実質的に困難にした〔『夜間中学・定時制高校の研究』〕。

表2-1　分校(定時制)設置上位県(1954年度・1959年度)

	1954年度		1959年度	
	県	分校数	県	分校数
1	秋田	96	新潟	84
2	新潟	81	秋田	81
3	長野	80	兵庫	72
4	兵庫	79	広島	53
5	宮城	61	岩手	51

分校の設備の不十分さも目立っていた。山口県などでは、小学校の講堂・廊下、役場の二階、借家などを転々とし、自然廃止に至ったケースもあった〔『勤労青少年教育の終焉』〕。農村の分校では、全日制の不合格者を受け入れることも多く見られたが、そのことは定時制高校生の劣等

表 2-2　本校・分校(定時制)における昼夜間課程数(1959 年度)

	昼間	夜間	昼夜併置	昼夜横断	その他
本校	395	1,160	134	35	6
分校	662	251	100	50	22

感を生み、地域での評判も下げることとなった〔「青年学級と定時制高校」〕。分校の大多数が昼間制であったことからも(表2―2)、農村部では定時制がしばしば、学力的に全日制に届かない層の受け皿になっていたことがうかがえる。

　これらが相俟って、農村地域の定時制高校の入学者は減少の一途をたどり、分校の統廃合が加速された。とくに高度成長期に入ると、その傾向はいっそう強まった。『朝日新聞』(一九六三年三月一六日)でも、「農村地帯では、若い人が都会に出ていくために、定時制の人気がなく、統廃合が行われて、全体としてその数は減少している」ことが指摘されていた。

　もっとも実際には、分校数は早くも一九五一年を境に減少に転じていた。それは、定時制本校(全日制との併置校を含む)が一九六〇年ごろまでゆるやかな上昇基調であったのとは、対照的であった(図2―2)。

　このことは、入学希望の青年にしてみれば、通学の便の悪化を意味した。前章で扱った青年学級が農村部で多く設けられたのも、衰退する定時制に代わる教育・教養の場が求められたためでもあった。

　こうした背景もあって、定時制高校は主として都市部で働く青年たちが学

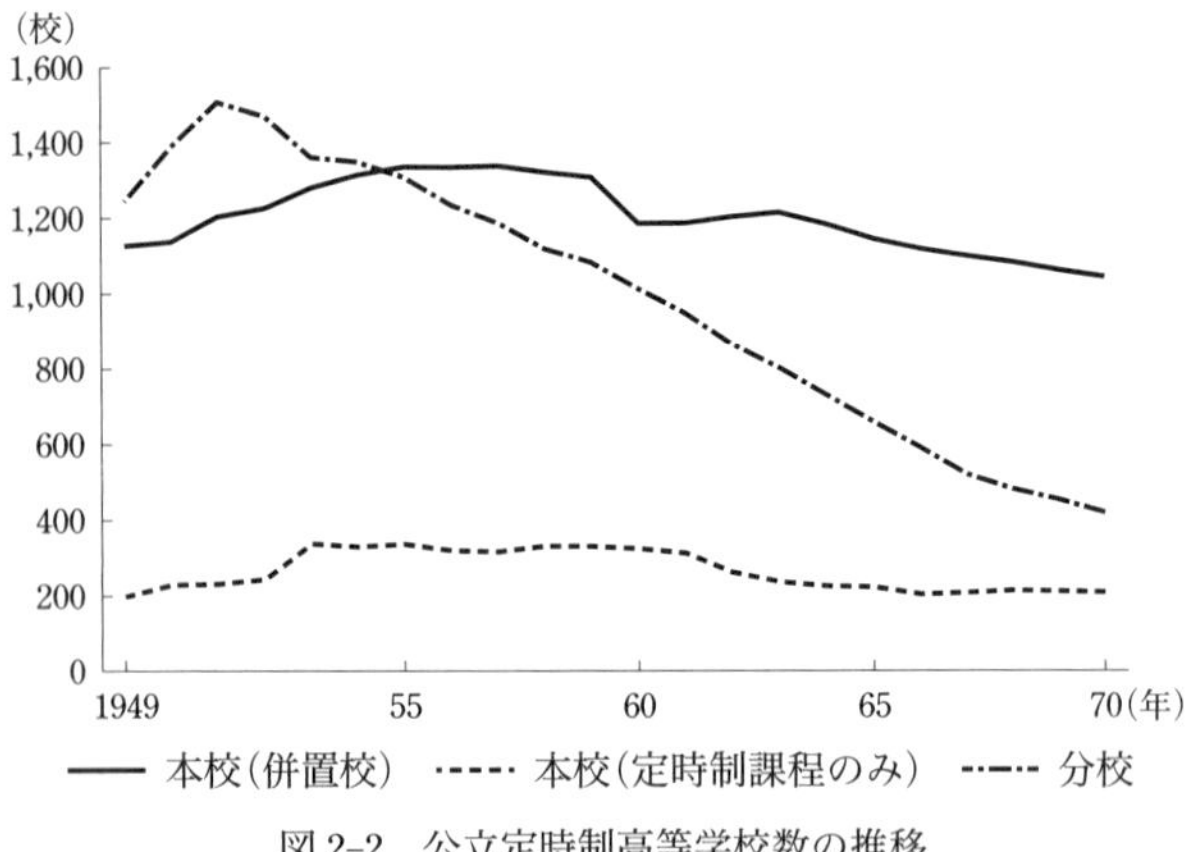

図 2-2　公立定時制高等学校数の推移

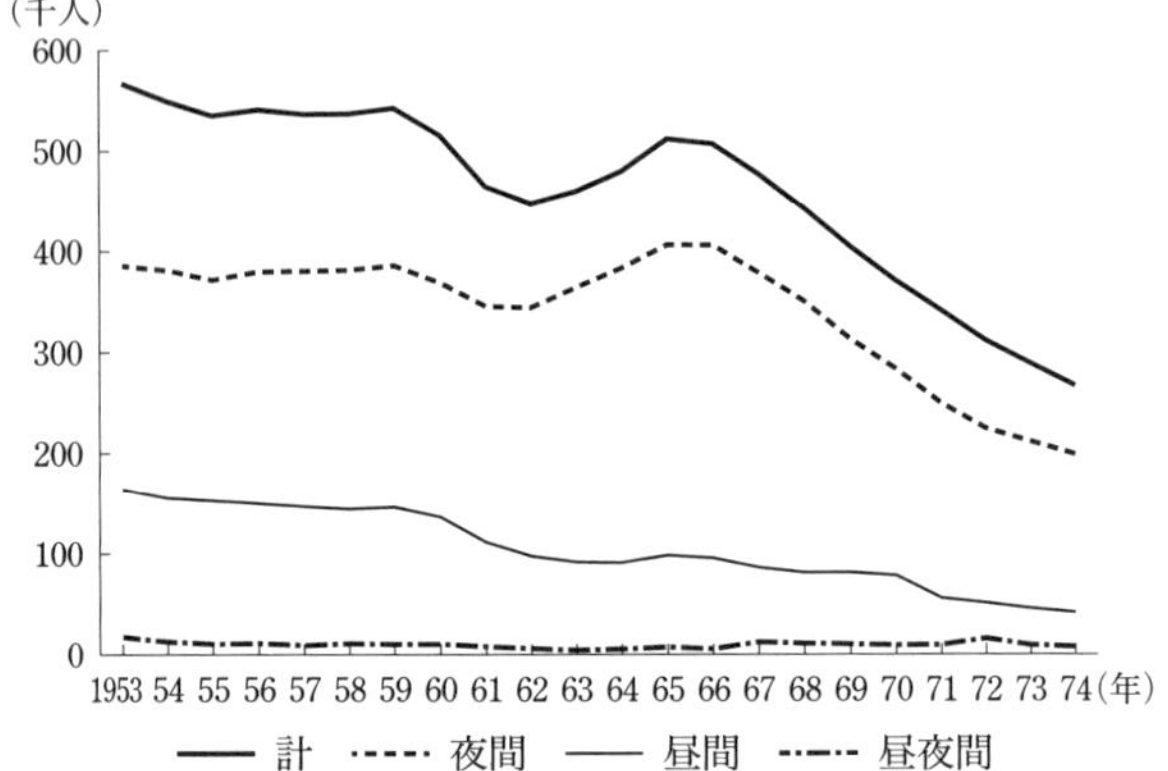

図 2-3　昼夜別定時制高校生徒数の推移

ぶ場となった。定時制生徒数全体のうち、農村部に多い昼間生徒数は、すでに一九五三年時点で三割弱に過ぎず、高度成長中期の一九六五年には二割を切っている。それに対し、日中の工場・商店等の業務を終えて通学する夜間定時制は、高度経済成長の前期(一九五五―六〇年)は四〇万人弱を維持しつつ、中後期にあたる六〇年代半ばには四〇万人超に至っている。一貫して減少傾向の昼間定時制(農村部)とは異なり、都市部を中心とする夜間定時制の生徒数には、一九六〇年代後半まで現状維持もしくはゆるやかな上昇が見られた(図2―3)。

現に、都道府県別の定時制高校生徒数(一九六一年)の上位五府県は、面積が広大な北海道を除けば、都市圏によって占められていた(表2―3)。ことに東京都の定時制高校生は、全国の約一五パーセントに及んでいた。集団就職で農村を離れた中卒者を含め、高度経済成長期の都市勤労青年たちによって、定時制が支えられていたことがうかがえる。

表2-3　都道府県別定時制生徒数(上位5府県，1961年)

都道府県	定時制生徒数	全国に占める割合
東京	67,049	14.3%
北海道	42,781	9.1%
大阪	27,381	5.8%
兵庫	23,200	5.0%
愛知	19,151	4.1%

通学の困難

とはいえ、都市部の勤労青年にとっても、定時制への通学は容易ではなかった。前述のように、就学していない年少労働者の半数以上が進学の希望を持っていたが、実際に定時制高校に通学できた者は、限られていた。一九五五年度の中卒就職者六九万八〇〇七人のうち、定時制高校に入学したのは一六万五五九八人であり、その比率は二三・七パーセントに留まっていた。もっとも、就職後数年を経て定時制に入学することも珍しくはなかったが、それを考慮した比率はさらに低かった。同年度における中学卒業後五年以内の勤労青年三六三万一二四〇人(一九五一―五五年度における中学卒業後の就業者数)に対し、定時制高校在籍者は五三万四六四八人であり、その割合は一四・七パーセントでしかなかった(『学校基本調査』)。

そこには、定時制への通学を快く思わない雇用主の意向も大きく働いていた。東京都文京区のある小企業の店主は、同区職員の取材に対して、「うちははいってもらうとき、学校にはやらないという約束できてもらっている。仕事中心にやることを根本に考えるよう話している。学校にゆきたいとおもえば、仕事に身がはいらんし、仕事に身をいれながら学校にいっても、中途半端になる」と答えていた(「雇い主たちはこうみる」一九六一年)。また、一九六二年ごろに大阪市で行われた集団就職者の歓迎式典で、教育委員会関係者が定時制教育の説明をしようとしたところ、主催者に止められたという。「生徒は就職の条件として、定時制進学を書いているが、雇用主は、実際には定時制入学をいやがっているので、説明されては困る」という理由によるものであった(『大阪定通教育二十年記念誌』)。

定時制進学を認めないケースは、中小企業で多く見られた。『東京労働』(東京都労働局、一九六四年九月二五日号)によれば、定時制通学を認めている事業所は、三〇人以上一〇〇人未満の従業員規模の場合、「黙認」「条件付き許可」を含めても全体の約半数に留まっていた。

かりに就職前に通学が約束されていたとしても、それが反故にされることは少なくなかった。個人商店に就職したある青年は「昼間働いて、夜学校に行かしてもらうという条件」で就職したものの、いざ勤務が始まる段になると、雇用主は「約束を無視して、遂に入学試験も受けさしてくれなかった」ことを、一九五二年の文章に記していた〔『人生手帖』一九五二年一月号〕。

通学が何とか認められたとしても、職場で軋轢が生じることは珍しくなかった。一九五九年に行われた定時制高校生の座談会では、「わざと帰りがけに〔仕事を〕いいつけたりする人」がいることが指摘されていた。職場が忙しい時に仕事を離れることへの負い目も大きかった。同じ座談会のなかで、ある定時制高校生は「みんなが忙しそうに働いてるのに、自分だけがぬけ出してくるのはとてもつらいことだわ。かと言って学校へは行きたいし」という迷いに日々直面していることを語っていた〔『人生手帖』一九五九年七月号〕。

「学歴」より「教養」

だが、裏を返せば、こうした困難を押してまで、彼らは定時制通学を選び取ろうとしていた。では、定時制に何が求められていたのか。そこでは高卒学歴の取得以上に、「教養を身につける」ことが重要視されていた。神奈川県立教育研究所が定時制高校生を対象に一九六〇年に実施した調査では、「高校卒の資格を得る」ことを通学目的として挙げていたのは一八・七パーセントに留まったのに対し、「できるだけ教養を高める」と回答した者は五三・六パーセントにのぼった〔『定時制高等学校生徒の生活意識に関する研究』〕。一九六六年に大阪市の定時制高校生に対して行われた調査でも、定時制高校進学の動機として「中学の学歴だけでは不十分だから」を挙げた者は二九パーセントであったが、「もっと知識教養を身につけたいから」は四九パーセントに達していた〔『大阪定通教育二十年記念誌』〕。

これを裏打ちするかのように、滋賀県で工員として勤務していたある定時制高校生は、進学のきっかけとして、「〔定時制入学以前に〕身にしみて感じたことは、中卒生というレッテルと教養の低さでした。社会の一員として恥ずかしくない素養と実力を身につけたい、何とか勉強したいという向学心をたち切れず、定時制高校の門をくぐった」と綴っていた〔『誇りある青春2』〕。また別の青年も、教科をとおして得られる知的な広がりについて、こう記している。

送られてきた教科書を開き、読みおこしていくうち、自分の魂がふるえ、何か前途に光が差し込んでくるのを覚えました。〔……〕

国語・社会・生物、どれをとってみても、私の心の世界をひろげ、今までの自分がいかに井戸の中のかわずであったかを、痛切に感じさせるものばかりでした。
国語を学ぶことによって、今まで暗たんとしていた心は光をみつけ、それまでなにげなく見すごしていた花は美しく、すでに学んだ短歌のひとつも浮かんでくるようになりました。社会を学ぶことによって、社会の組織が眼の前にくりひろげられ、政治とは、経済とはといいろいろの課題をなげかけてくれます。地学を学ぶことによって、今まで自分で広いと思っていた地球が、広大な宇宙世界から見ればその何万分の一にも満たないことを知り、改めて自分の小ささを知りました。〔同書〕

これは、定時制高校生らによる生活体験発表大会(全国大会)で発表されたものであり、やや「優等生」的な内容も盛り込まれているとはいえ、教科をとおして導かれる人文社会科学や自然科学への関心が綴られている。

実際に、定時制高校生の文章のなかには、教養主義的な関心も散見された。松山市定時制高等学校連合自治会機関誌『学燈』(第九号、一九五三年三月)には、ニーチェやヴォルテールに言及した複数の文章が収められていた。東京都内の定時制に通う女子勤労青年も、作文のなかで下村湖人『次郎物語』のほか、高村光太郎、石川啄木、堀辰雄らの作品に言及しながら、「私はいま一ばんほしい物はなんですかとたずねられたならば、文学全集がほしいと答えます。部屋中を本で一ぱいにしたい」「せっせと毎月とぼしい小遣のなかから本を買っている」と綴っていた[『定時制』]。人文知へのつよい関心を有し、その知的関心を満たすために定時制に集う勤労青年は、決して少なくなかったのである。

「進学組」への鬱屈

それは、知的関心の低い層と同一視されることへの嫌悪とも結びついていた。ある定時制高校生は、座談会「働きながら学ぶ青少年」のなかで、「職場に居ると凄くくだらない話を[同僚たちが]する。パチンコとか競馬とか競輪とか悪い話、女のこととか、写真なんか持ってきて近代のヌード写真の美の素晴しさがわかるかとか、くだらないことを言うんです」と語っていた[『青少年問題』青少年問題研究会、一九五六年四月号]。遊興やギャンブル、猥雑さを好む同僚たちとは一線を画し、彼らとの差異を強調する姿勢が垣間見える。

他方で、進学をめぐる鬱屈があったことは想像に難くない。中学卒業後、数年を経て定時制高校に入学したある青年は、父親の事業の失敗により進学の希望が断たれたときの口惜しさを次のように語っていた。

私はこのような自分の境遇をのろった。進学の友をにくんだ。私はもうだめなのだろうか。何のために？　私にどんな落度があって？　私は環境という枷にがんじがらめに締められて喘ぐあわれな人間の宿命というものを考え、しだいに絶望の淵に沈んでゆきました。

［『誇りある青春』一九六五年］

この青年は、中学卒業後、いったんは「一家の貴重な労働力として、山奥の仕事場に追いやら」れ、「夏は汗と木炭で真黒になって炭焼きをし、冬は大雪の中で大木と取組む木こりの仕事を強いられ」たという。その折の絶望感には根深いものがあった。

こうした思いが強まった背景には、中学卒業間際の学校の問題もあった。高校進学率が五割に達する一九五〇年代半ばにもなると、中学三年生の生徒たちは「進学コース」と「就職コース」に分けられ、義務教育課程ではありながらも、教学内容に差が設けられることが少なくなかった。「進学コース」は高校受験を念頭に授業が組まれ、補習も行われたが、「就職コース」では補習がないのはもちろんのこと、英語・数学などに割かれる時間数も削られがちだった。

このことは、「進学組」と「就職組」という二つの集団を可視化させ、両者の反目を際立たせた。『教育はみんなのもの』(毎日新聞社社会部編、一九五七年)は、「区内でも高校進学率一、二という評判の学校」である東京都荒川区のある中学を取材したうえで、こう記している。

この学校では、かつて二年から三年に進級すると進学組、就職組に分けていた。ところが進学組の子どもは就職組の子どもを「上の学校へ行けない子」「頭の悪い子」「貧乏な子」と白い眼で見る。

一方、就職組のほうでも「がっつき」「先生におべっか使う子」と負けていない。進学組が補習をやっていると、窓越しに就職組の子どもがひやかす。

ホームルームの時間も、進学組は補習やテストで顔を出さなくなる。お互に助けあって良い学校を築いてゆくための生徒会活動もいきおい下火になった。修学旅行へ行っても、進学組といっしょの部屋に割り当てられた就職組の生徒は、部屋をかえてくれと先生に泣きこんでくる。〔……〕

中学に入学したころ仲良く遊び学んだ子どもたちが、こうなると互に反目しあう。一方は優越感をもち、片方は劣等感にさいなまれて対立意識は強くなる。このことは卒業してからも続く。同窓会が進学組と就職組と二つに分れてしまう。〔……〕

こうして、せっかく小学校で築き上げられた友情も進学組、就職組のおかげで中学三年になるとみごとにこわされてゆく。

進学組と就職組とで教学内容を差異化したことが、両者の反目や憎悪を生み出し、人間関係が切り裂かれていることがうかがえる。

「能力別選択コース制」の弊害

こうした状況を加速させたのが、「能力別選択コース制」の導入であった。文部省は「中学高学年では進学、就職組のコース別制を置く」〔『読売新聞』一九五八年三月一五日、夕刊〕べく、学習指導要領の改訂を行った。そこでは「学校は、個々の生徒について、その進路、特性等をじゅうぶん考慮し、それぞれの生徒に適した選択教科を選択させて履修させるように指導しなければならない」としたうえで、生徒の進路によっては、英語や数学を中学三年時に一七五単位時間以上履修させることが望ましいとされた。通常は一〇五単位時間とされていたので、これらの科目について、進学組は就職組の六、七割増しの授業を受けることになっていた〔『中学校学習指導要領』昭和三三年改訂版〕。

授業時間にこれだけの差があるということは、必然的に進学組と就職組との間の学力差をもたらした。もともと数学が得意だったある生徒は、進学組に比べて授業で扱われない箇所があまりに多いために成績が下がり、「就職組は勉強がとても追いついていけねえんだ」と嘆いていた〔『進学』一九六三年〕。

進学組の就職組に対する排除にも、露骨なものがあった。中学三年生の進学組の生徒は、

毎日新聞　昭和38年(1963年)3月12日
進学組と就職組
中学生暴力事件の背景
卒業後までミゾ
授業もつい進学に力が
教室の指導で
まず高校全入
東京五輪
"芸術展"に出品せぬ
奈良主要六寺きめる
夏の気温は

図 2-4　『毎日新聞』1963 年 3 月 12 日

「だいたい就職生は、力がひくいし、勉強する気もない連中が多いんだものや……そういう連中と〔授業が〕いっしょだと、さっぱり能率があがらねえのっしゃ」と語っていた〔同書〕。大阪の中学生も、「理科の時間にバカみたいな質問をする就職組の人がいるが、そんなことに時間をとられるのは、私たちにとって不幸です」と述べていた〔『毎日新聞』一九六三年三月一二日〕。

　しかし、就職組の生徒にしてみれば、定時制高校に進める場合を除けば、中学三年次は人生で最後の学校教育の機会であった。ある就職組の生徒は「もう中学校でしか勉強はできないんだから、なんとしてもできるだけいろんなことをおぼえたい」と語っていた〔『進学』〕。また、英語が好きなある生徒は、作文の中で「もし進学生のじゃまになるなら、廊下ででもよいから英語の授業を受けさせてほしいのです」と綴っていた〔『毎日新聞』一九六三年三月一二日〕。彼らにとって、「能力別選択コース制」は学習機会を不当に奪うものでしかなかった。

中学教師たちも、就職組の生徒にしばしば冷淡だった。『教育はみんなのもの』（毎日新聞社社会部編、一九五七年）では、就職組の授業の際には開始は遅らせる一方、終了も早めたり、「教え方も進学組のように熱を入れ」ず、「進学組に使うエネルギーをむやみと浪費しない」教師たちに言及されている。職員室で平然と「なーんだ、こんど［の授業］は就職組か、はりあいないね」と語ることも珍しくなかった。ある勤労青年は、中学時代のことを振り返って「中学三年のときは、学校あげて進学指導一本にまとまったと思われるほどで、進学希望者は正規の授業の他に、放課後の特別指導、夏休みの補習も行った。先生は進学指導に熱を入れ、就職組は授業に活気がないばかりでなく、自習時間も多かった」と語っていた（『勤労青年の生活』一九五九年）。「おまえらは学校へ行くんじゃねえから、成績よくなる必要ねえ」「もう就職きまったからいいねえ、外へ出て遊んでもいいんだよ」と語るなど、就職組への教育意欲を露骨に欠いた教師は決して珍しくはなかった（『進学』）。

こうした教師に対する就職組生徒の評価が低かったことは、言うまでもない。就職組のある男子生徒は、「おまえらはわかりっこねえから」と授業中に猥談や冗談ばかり話す教師について、「ふざけた話べえして。好きなやつなんていねえよなあ」と語っていた（同書）。彼らにとって、まともな授業をやらない教師は、人生で最後の学校教育の機会になってしまうかもしれないその機会さえも、無為にしてしまう存在であった。

中学教師による内申書の操作も、就職組の生徒の苛立ちを募らせた。就職組の場合、実際の学業成績が高かったとしても、しばしば、それよりも低い評価が内申書に記載され、高い評価が進学組に回されることが横行していた。『毎日新聞』(一九六三年三月一三日)の社説では、「学業成績の評点にしても、就職組の生徒の方が高点の場合にすら、内申書では進学組生徒の方が上位にされることが必ずしも少なくない」という問題が指摘されていた。同紙社会部が編集した『教育はみんなのもの』(一九五七年)も、「都内の一流高校に合格するためには、どうしても内申書の成績は5が必要だから、内申書の成績が不足するとか、キメ手になりそうな生徒には、就職する生徒の〝良い成績〟を回してやる」という実態を指摘したうえで、「就職する子どもたちは、ここでも進学する子どものために踏み台にされている」と記している。

こうしたなか、就職組の生徒たちは、「先生に見放された」という思いを抱いた。宿題をしてこなかった生徒に対し、「お前たちには英語や数学はそう必要でないんだから」と、一切叱らない教師も珍しくなかったが、そのような態度はかえって、就職組の生徒たちの反感を招いた。ある勤労青年はこうした中学時代を回想しながら、「生徒同士の間でもヒガミを持つようになった」ことを語っていた。また別の元生徒は、「クラスが進学と就職の二組に分かれて勉強が始まった。そのときおれたちはもう先生にかまってもらえなくなったような気がする」「おれはそのとき限り勉強する楽しみがなくなった」と述べていた(『勤労青年の生活』)。就職組を取り巻く教学環境と教師の意欲の欠如が、人生最後の学校教育の機会となる(かもしれない)生徒たちの勉学意欲を削いでいたのである。

就職組の生徒たちにインタビューを重ねた作家の篠崎五六は、「片方にはちゃんと教えておいて、自分たちには教えてくれない。教えてもらえないから成績は下がる。成績が下がれば、おまえらみたいな子どもは、手をかけてもどうせだめなんだと、ますます先生はぶんなげる。そんな扱いのなかで、子どもたちが荒れなかったら不思議ですよ」と憤りを交えて語っていた(『進学』)。それは、当時の就職組の生徒たちの心情を代弁したものであった。

就職組と進学組の「仁義なき戦い」

だとすれば、進学組に対する就職組の憎悪が昂じていくのは当然だった。『読売新聞』の取材に対して、就職組のある生徒は進学組への憤りを次のように語っていた。

進学志望の者はお高くとまって、自分の勉強のことしか考えない。それが一、二年まで仲よく席をつらねていた同級生なんだからアタマにくる。おれたちが先生に質問でもしようものなら、進学のやつら、しかめっつらでこっちをニラみつけて〝つまらない質問するな、授業の邪魔だ〟という顔をするんだ。連中は学習塾へ行ったり、家庭教師についているから先のほうへどんどん進もうとする。とにかく、就職がきまるまでは、一生懸命勉強しておこうっていうおれたちの気持ちもペシャンコだ。〔『二つの学校』一九六四年〕

中学二年生までは親しい関係であったがゆえに、反目や憎悪が根深くなる状況がうかがえる。

彼らの対立はしばしば乱闘を引き起こし、生徒が死亡することすらときに見られた。一九六〇年には福岡県のある中学校で、生徒一三名が授業中の教室で乱闘を繰り広げ、そのうちの一名が死亡するという事件が起きた〔『毎日新聞』一九六〇年三月一八

就職組、進学組と乱闘
福岡の中学で 一人死に二人ケガ

教室でケンカし死ぬ
進学組と就職組の対立?

少年の非行防止は愛型から

図 2-5　左：『毎日新聞』1965 年 2 月 2 日
右：『朝日新聞』1960 年 2 月 23 日

日、夕刊〕。進学組と就職組の根深い反目が背景にあった。一九六三年二月には、横浜市のある中学校で、進学組の生徒が就職組の生徒たちに袋だたきにされて重傷を負い、第一志望校の受験を断念するという事件が起こった。事件当日、進学組生徒はふだんどおり教室で授業を受けていたのに対し、就職組生徒だけは朝から昼休みまで校庭で卒業記念植樹に駆り出されていた。その差別的な扱いが直接的な引き金になったのかどうかは判然としないが、同校のある生徒は「就職組は先生に差別待遇されていると思いこみ、ぼくらを恨んでいるのかもしれません」と

語っていた〔『毎日新聞』一九六三年二月一一日〕。

一九六〇年代半ばごろまでの新聞をめくってみると、同種の出来事は、毎年、受験シーズンの二月・三月ごろにたびたび見られる。就職組の進学組に対する憎悪は、往々にしてこれほどの激しさを帯びていたのである。

「先生にすすめられて行ったばっかりに……」

それでも、満足できる就職先が得られるのであれば、就職組の不満も激しいものにはならなかっただろう。だが、実際は往々にしてその逆だった。ことに、中学教師の就職指導への苛立ちは大きかった。

中学校の就職指導は多くの場合、きめ細やかな助言・指導がなされるというより、一、二名の教師が職業安定所と連絡を取りながら、職を斡旋する程度のものであった。生徒本人も教師も就職先を確認することはまれで、書類や求人者・職業安定所などの言葉を信じるしかなかった〔「集団就職をめぐって」〕。中学校では「就職率一〇〇パーセント」が目指されていたが、それだけに「とにかくどこかへ入れてしまえば後は……」という気持ちが教師にはつよく、会社や工場の労務内容が詳しく調べられることは少なかった〔『教育はみんなのもの』一九五七年〕。

必然的に、待遇や条件が事前に聞かされていた内容と異なるケースが多く見られた。都内の定時制高校に通っていたある青年は、一九五六年に中学を卒業してから四カ月の間に、四度も職場を変えていた。中学で教えられた条件とあまりに食い違い、定時制通学が許されなかったためである[同書]。また、山形県から首都圏に就職したある青年は、東京の機械修理工場と聞かされたにもかかわらず、実際は周辺小都市の自転車修理業で、六畳に四人の住込みだったという。店に出向いた翌日から酷使され、同僚が「お前はこんなところにいたって何にもならないからはやく逃げていけ」と夜逃げを手伝ってくれる始末だった[「集団就職をめぐって」]。

これらの問題について、卒業した中学に相談がなされることも少なくなかったが、総じて中学校の対応は冷淡だった。先の夜逃げをした青年が中学に問いただした際には、「よく調査しましょう」と返されるにとどまっていた。だが、それはまだしも良いほうで、「学校で世話してやったのに飛び出した者は学校の名折れだから、もう世話はしない」と、卒業生本人に責任が押しつけられることも、しばしば見られた[『教育はみんなのもの』]。労働基準法を無視した低賃金と重労働のために定時制に通うこともできず、一年で帰郷したある青年は、新聞社の取材のなかで、「はじめからこうだとわかっていたら行かなかったが、先生にすすめられて行ったばっかりに……」と語っていた[同書]。集団就職した勤労青年たちは、往々にして、中学の就職指導に幻滅を抱いていたのである。

もっとも、中学教師のなかには、就職した卒業生を気にかけて、修学旅行の引率等で上京した折に彼らの様子を見に行ったり、事業主から話を聞く者もあった。就職した卒業生たちは喜んだ一方、事業主は待遇の不十分さが明るみに出ることを恐れて、中学教師の訪問を快く思わないことも多かった。しかし、なかには事業主や関連団体から接待されることを期待して、毎年のように来訪するむきも見られたという〔「集団就職をめぐって」〕。

また、雇用した青年たちの村に出向き、親たちに状況報告を行う事業主も、わずかながら見られた。だが、それはしばしば、労働環境の問題が不問に付されることにつながった。農山村の親たちは、事業主との良好な関係性が築かれるなかで、「ご主人さまに忠勤をはげむ」「どんなつらいことでもじっと辛抱することだ」という思いをつよくしがちだった〔同前〕。就職した青年たちが、職場の不満や悩みを吐露しにくくなったであろうことは、想像に難くない。

こうした「絶対服従の精神」は、中学の就職指導の場でも往々にして見られた。『教育はみんなのもの』(毎日新聞社社会部編、一九五七年)は、皮肉を込めて次のように記している――「進学するものには、かゆいところへ手が届くほど世話する先生も、いったん、就職する生徒に向かえば「上からいわれたことはハイ、ハイとよく守る服従の精神がなければ就職できないぞ」と、その昔軍隊で聞かされたような「絶対服従の精神」を説いて就職指導と銘うっているのだ」。

勤労青年たちは、事業主にはもちろんのこと、就職を斡旋した中学教師や親たちにも声を上げにくい状況に置かれていたのである。

繰り返される離転職

離転職が繰り返されたのも、そのゆえであった。ある新聞社の調査によれば、一九六三年に鹿児島から大阪に集団就職した四一七名のうち、三年以内に離転職を経験している者は六三・五パーセントにものぼった。工員（二六五名）に至っては、一年以内に転職した者は三分の一を上回る九八名であった〔『大阪定通教育二十年記念誌』〕。静岡のチリ紙工場でも、二〇歳以下の転職経験者は三六パーセント、二〇歳から二五歳の場合には七一パーセントに達していた〔『勤労青年の生活』〕。

ことに中小企業の場合、それが顕著だった。神奈川県立教育研究所が一九六〇年に定時制高校生を対象に実施した調査によれば、従業員五〇〇名超の大規模事業所の場合、勤務継続を望まない者の割合は二八・五パーセントに留まるのに対し、一〇〇名以下の小規模事業所では四一・五パーセントにのぼっていた〔『定時制高等学校生徒の生活意識に関する研究』〕。

そこに待遇の相違があったことは、容易に想像されよう。『年少労働の現状』（労働省婦人少年局、一九五六年）によれば、労働時間が八時間以上の事業所は、従業員数が四九―一〇名の事業所で三七・九パーセント、一〇名未満の事業所では四七・二パーセントに及んだ。一〇〇名以上の事業所の八五・二パーセントが八時間以下であったことと対照的である。四九名以下の事業所では、労働時間が一〇時間に及ぶものも約一割にのぼっていた。賃金額にも大きな開きがあり、一〇名未満の事業所は、一〇〇〇名以上の事業所の六―七割程度に留まっていた。社会保険の加入状況には、さらに顕著な相違が見られた。一〇〇名以上の事業所では健康保険、労災保険、失業保険等の加入率は一〇〇パーセントに近かったが、五名未満の事業所では、労災保険の加入率でも四七・八パーセント、健康保険や失業保険はそれぞれ、二二・一パーセント、一二・二パーセントという低水準であった。

「教養」という閉塞

地方から集団就職で都市部に移り住んだ勤労青年は、このような労働環境のもとに置かれ、進学組や卒業した中学校への鬱屈を溜め込んでいた。むろん、定時制に通う青年たちにも、それは共有されていた。

それにしても、彼らはなぜ、定時制通学の目的として学歴取得よりも「教養」に重きを置いたのだろうか。そこには、定時制高校を取り巻く困難が大きく関わっていた。

定時制高校を卒業すれば高卒学歴が得られるものの、それは転職や昇進のうえで、さほど有利にならなかった。企業は定時制高校の卒業生に対し、就職試験の機会すら与えないことが多かった。『朝日新聞』(一九五九年九月二四日)の社説「定時制高校生の不満を聞こう」では「昼間は働らきながら、苦しい勉学をつづけるこれらの若い人たちには、就職の門も閉ざされがちである」ことが指摘されていたが、こうした状況は、高卒者の人手不足が顕著になった一九六一年ごろになっても、変わらなかった。『朝日新聞』(一九六一年一一月三日)も、「定時制高校では工業課程は別にして、求人申し込みは全日制の一割以下。賃金も二割方低く、大企業からの申し込みはまず皆無。明るい全日制に比べて対照的に暗い就職戦線だ」と報じている。日本経営者団体連盟(日経連)が一九六二年三月の高卒生の就職について約八〇〇社を対象に実施した調査でも、従来から定時制に門戸を開いていたのが二三五社なのに対し、同年から新たに定時制卒業者を採用することにしたのが四社、従来から締め出したままなのが四一〇社、残りは不明という結果であった(『朝日新聞』一九六三年三月一五日、夕刊)。

定時制——まだ暗い就職
大企業の求人はゼロ
待遇も全日制より悪い
38年春の高校卒業生
採用試験、野放しか
文部省・日経連、見放す

図 2-6　『朝日新聞』1961 年 11 月 3 日

その理由としては、「全日制に比べて学力が落ちる」「よその職場でしつけられているから、再教育しにくい」「(家計困難であったり、戦災・病気などで両親がそろっていないことから)家庭環境がよくない」といった点があげられていた〔『朝日新聞』一九六三年八月二九日、夕刊〕。工業科のようなごく一部の定時制高校であれば、求人は必ずしも少なくはなかったが、「就職しても全日制と同じように待遇するところは約半数」に過ぎず、「残りは中卒と全日制の間ぐらい」で、「普通科と共通の「底辺の悩み」」が目立っていた〔『朝日新聞』一九六一年一一月三日〕。

一九六三年三月には池田勇人首相の指示で定時制高校卒業生への就職差別撤廃の方針が示されたが、情勢に大きな変化は見られなかった。一九六三年八月に『朝日新聞』が各社に取材を行った際にも「過去の慣習もあり、定時制は採用しない。文部次官通達がきたので一時検討したが、この伝統を崩す考えはいまのところない」(大手製鉄会社)、「差別撤廃の声がたとえ強くなっても、ここ三年は定時制は公募しない」(地方銀行)といった回答が多く見られた〔『朝日新聞』一九六三年八月二九日、夕刊〕。

前述のように、中小企業に勤務する勤労青年たちには、転職希望が多く見られたわけだが、実際にはたとえ定時制高校を卒業して高卒学歴を取得しても、待遇の良い大手企業などに転職できる可能性は低かった。彼らは「いまの「うだつのあがらぬ」立場からぬけでる道はほとんど閉ざされている」というのが実態であった〔『勤労青年の生活に関する研究』一九五九年〕。定時制卒というキャリアは、あたかも「まがいものの高卒学歴」とみなされていたのである。

では、大学へ進学するという進路については、どうだったのだろうか。一九五六年三月に東京都教育委員会が行った定時制高校生進路希望調査によれば、昼間制の大学への進学希望は七・八パーセント、働きながら夜間大学に通いたいという希望は三二・一パーセントにのぼっていた。両者を合わせると三九・九パーセントであり、就職希望の三八・八パーセントを上回っていた。しかし、実際の進路状況(一九五五年三月卒業生)は八割が就職で、働きながら夜間大学に通う者が一割、昼間制の大学に至っては二・〇パーセントであった[『定時制』]。大学での学費を工面せねばならないことに加えて、働きながら受験勉強をしなければならないことの困難さを考えると、定時制高校生にとって大学進学が容易ではなかったのは当然であった。高塚暁『定時制』(一九六〇年)は、これに関して次のように指摘している。

生徒の希望と卒業後の進路とはかなりちがってくる場合も多い。大学進学を希望しても結局は就職一本の道に落ち着いてしまうということは、実力がないということも考えられるであろうが、経費面でも相当の費用がかかる。それで希望を破棄する場合もあろう。

少なからぬ定時制高校生は、いったんは大学進学の期待を抱きつつも、さまざまな制約のなかで、その思いが冷却されている状況がうかがえよう。

大学進学もよい職場に移ることも期待できないとなれば、定時制に通うことの目的として見出されるのは、「教養」しかなかった。『人生手帖』（一九五九年七月号）に掲載された座談会「定時制高校生のよろこびとかなしみ」では、編集部の「みなさんは夜学へ入る時、学歴がないと損をするから、というような考えを少しは持って入ったの？」という問いかけに対し、定時制生たちは「そんなものじゃないわね」「どうしても勉強したいという気持からですよ」「学歴がほしくて学校へ通うんなら夜学なんか選ばない方が利口ですよ。上へあがりたかったら学校へきている間に仕事の方をよくおぼえた方が近道なんですよ」と答えていた。学歴の獲得など世俗的な実利から超越した「どうしても勉強したい」という思いが語られている。だが、それは高卒学歴の取得の先にある就職や進学が期待しにくかったことの裏返しでもあった。

彼らのなかには、中学時代に学業成績が優秀だった者も少なくなかった。にもかかわらず、家計の事情などから就職組に入らざるを得なかった。そこではともすれば教科の授業から締め出され、進学組からは蔑まれ、中学教師からも見放された。また、彼ら自身、進学組への劣等感をしばしば抱いたが、そうした鬱屈を起点として、「せめて定時制で勉強したい」という意志がかき立てられた。しかし、そこで高卒学歴が得られても、大学進学の希望は往々にして打ち砕かれ、よりよい職場への転職を考えたとしても、彼らは就職差別に直面し、就職試験さえ受けられなかった。就職や大学進学という実利から排除された彼らは、定時制に通うことの意図として、「勉学」「教養」を自己目的化するしかなかった。言うなれば、定時制高校生の教養への志向は、実利の世界から締め出されていたことと表裏一体をなしていたのである。

2 「進学の代替」としての大企業

難関突破の高揚感

では、大企業に入社できた青年たちは、どのような状況に置かれていたのだろうか。前節ではおもに、集団就職等で中小・零細企業に入社した青年たちを扱ったが、前述のように、都市部出身の中卒青年のなかには、大手の工場などに就職する者も少なくなかった。当然ながら、労働環境は中小・零細企業に比べれば恵まれていたわけだが、彼らは進学や教養について、どのような思いを抱いていたのか。

彼らの手記などから浮かび上がるのは、難関を突破して大手企業に入社できたことの達成感であった。「いまを時めく電化ブーム」に乗っていた「全国有数の大会社」(T社)に入社した女子工員たちは、「生れてから一ばんうれしかったのはT社の合格がきまったときです」「あの日T社の発表の日、家族みんなで喜んで餅をついて祝ってくれました」と語っていた(『勤労青年の生活に関する研究』一九五九年)。

もっとも彼女らも、高校進学を断念した際には相当な挫折感を味わっていた。大多数は進学希望であっただけに「父が病気療養中のため母と働いて家計を助けなければならないので就職したが、不進学は何ともいえず悲しかった」「兄たち二人は高校へいったのに私だけ家計を助けるために就職にきめたので、一時はとても悲しかった」という思いも吐露されていた。しかし、大手企業の就職試験をパスしたことが、その鬱屈を払いのけた。「T社に入って悲しみはふっとびました」「高校へ進学できなかったことについては何も悔いませんでした。就職できたことによって新しい人生がひらけたようだったからです」という言葉が、それを物語っていた［同書］。

養成工の自負

ことに、大手企業の養成所に養成工として採用された青年の場合、その達成感には大きなものがあった。

養成所とは、労働省令第六号（技能者養成規程）に基づき、企業が三年程度の期間をかけて新規採用者の技能養成を行う制度であった。課程修了後には、その企業の基幹工員として扱われ、「将来は中堅幹部として職場の重要な役割を果させる」ものとされていた［『勤労青年の生活』］。なかには、各種学校（学校教育法第八三条）として、企業名を冠した「工業専門学校」の名称を持つものも少なくなかった。労働省技能者養成制度は、戦後の経済復興のために多数の技能労働者を必要としながらも、戦争遂行と敗戦で熟練工が不足していたことを背景に、一九四七年に設けられ、一九五一年ごろから急速に普及した[「戦後日本における養成工の役割」]。

養成所の入所者は、あくまで新規採用者なので、その企業の養成工として給与が支給された。勤務時間や休日・昇給等も、規定に則ったものであり、中小・零細企業に比べれば、はるかに恵まれていた。正規の工員として大手企業に採用され、かつ、技能を学びながら給与も支給されるとあって、養成所の競争倍率は、きわめて高かった。神奈川県立教育研究所の調査(一九五九年)によれば、横浜市のある大手造船会社の養成所は、毎年、募集人員の十数倍の応募者があった。しかも、応募者は出身中学の推薦を受けていたので、学校の推薦に漏れた数を考慮に入れると、実質的な競争倍率はその数倍に達していた[『勤労青年の生活に関する研究』]。

当然ながら、採用されるのはかなりの優秀層に限られていた。先の養成所に採用された青年は、横浜市内の中学校で、卒業時の成績は五〇四名中の六一位であったという。しかも、その成績は中学三年の後半に進学をあきらめたために成績が下がっての席次だった。本人も「私よりも成績の低い友人が多勢高校へ進学しています」と語っていたが、その中学の高校進学率が七割に達していたことを考えれば、十分上位校に進学できる学力を有していた。

それほどの難関であったがゆえに、それを突破した高揚感には大きなものがあった。先の養成所に採用された別の青年は、そのときの思いを以下のように記していた。

　昨年一月下旬であった。その日はちょうど日曜日であった。通知書を手にしたときの嬉しさは、生後最高のものであったように、今々もなつかしく思い出される。うきうきした気持ちで、月曜日に学校へ行くのが待ち遠しくてたまらなかった。翌日学校へ行ってみると、友人は誰に聞いたのか、ぼくがパスしたことを皆知っていて、教室内に一歩足を踏み入れると「おめでとう、おめでとう」の声が耳にとびこんできた。ぼくはぽっとしてしまった。その後、数日間は会う人、会う人みんなが「おめでとう」をいってくれた。先生方にも下級生にも何度もいわれた。僕は毎日学校へ行くのが楽しくてたまらなかった。

　一番親しい友人から「勉強しながら給料がもらえるなんて幸せだなあ。今度会ったら$\sqrt{3}$であってなあ」といわれた。ぼくは「まかせておけ」とドンと胸を叩いてうぬぼれた。

〔同書〕

　三の平方根は一・七三二〇五〇八……であり、「ヒトナミニオゴレヤ」の語呂があてはめられる。それを念頭に置いての記述だが、高校進学する友人に「奢ってやる」と「ドンと胸を叩」くさまには、少なくともその時点では進学できなかった鬱屈が氷解していたことがうかがえる。

大企業への「進学」

もっとも、その高揚感はいつまでも持続するものではなかった。卒業までの期間、学校では進学組の級友は受験勉強に勤しんでいた。そこでの疎外感を、先の養成所への入所が決まった別の青年は、こう綴っていた。

就職がきまってからも、卒業するまで進学をあきらめるのはつらかった。それで就職決定後も一生懸命努力して、試験の成績はクラスで一、二を争うこともあった。「就職してしまえば、そんな勉強なんか役に立つことなんかないんだ」と自分では思いながらも……。それは、はかない一つのレジスタンスであったかもしれない。(『勤労青年の生活に関する研究』)

「はかない一つのレジスタンス」として「クラスで一、二を争う」学業成績を収めていたところに、「大企業への就職という喜び」と「不進学の悩み」が交錯した心理状況がうかがえる。進学組の生徒が教師から受験指導を受け、また生徒同士で受験について語り合う姿を目にするなかで、たとえ養成所への採用が決まっていたとしても、「自分が何かとり残されてしまうようなさびしさとあせり」を感じ、「進学者と就職者は中学卒業を境にして別の世界へわかれていってしまう」ことを見せつけられる〔同書〕。

こうした焦燥感から逃れようとするかのように、彼らは養成所への期待感を声高に語っていた。養成所に入所した当初の感想として、養成工たちは「給料をもらいながら、勉強させてもらえるなんて……。しっかり勉強して早く会社の役に立つ人間になろう」「就職はしたが、勉強させてもらえるので学校にいるときと同じだ」「とっても嬉しかった。一般の高校生に比べてもはずかしくないと思った」と述べていた〔同書〕。

図2–7　屋外訓練中の養成工
（1964年入社生）

そこで念頭に置かれていたのは、業務への従事というよりは「勉強」の継続であった。彼らにとって、養成所を有する大企業への就職は、あきらかに進学の代替であった。

実際に養成所では、製造現場での技能実習や工業知識、関連する数学・物理・化学の基礎がおもに扱われたが、そればかりではなく、「社会」「国語」「英語」のような一般教養的な科目や「体育」なども取り上げられた〔『勤労青年の生活』〕。

企業が実務に直結しない教養を養成所で扱っていたのは奇妙に思えるかもしれないが、そこでは「人格の涵養」が含意されていた。小西六写真工業で技能者養成所所長を務めていた秋元義郎は「会社の従業員として、又社会人として、最も大切な事は人格の涵養であり、当養成所も、最も力を入れて居る所である」と述べていた〔「技能者養成所の問題」一九五四年〕。

その意味で、養成所は技能習得に閉じるものではなく、学校教育に重なる側面も見られた。養成工たちが当初、「一般の高校生に比べてもはずかしくないと思った」背景には、一般教養にも目配りがなされている養成所の教学プログラムの存在があったのである。

養成所への幻滅

だが、入所して一年も経過すると、彼らは養成所に幻滅を抱くようになった。ひとつには、業務の単調さがあった。入所して最初のうちは、複雑な機械の操作や工業知識の習得に追われがちだったが、一定の歳月が経過すると、彼らは作業そのものの単調さを感じるようになった。

ある養成工は、入社間もないころには「養成所の生活は一般の授業も受けられる上、現場実習の時間も次第に多くなり、だんだん職場になれるので、思ったよりよい」「私の選んだ機械工も初めはもの珍らしく、機械の構造も複雑なのでこれを覚えるのに骨が折れたほど面白かった」と語るなど、仕事の難しさゆえのやりがいを実感していた。しかし、一定の歳月が経過するにつれ「馴れると単調でいやになってしまった。〔……〕機械とともに働く喜びを感じたのははじめの頃で、よく考えれば、機械はぼくらの操作を待たずとも動いてゆく。なあんだぼくらが機械に働かされているんだ。毎分同じ早さで手を動かしていればいいんだ。くる日もくる日も機械に使われて同じ仕事を繰返す。これが一生つづくとしたら、ぼくらは一体どうなるのだろう」という思いを抱くようになったという〔『勤労青年の生活に関する研究』〕。

全国教育研究所連盟編『勤労青年の生活』（一九五九年）では、最末端の工員たちの労働状況を、次のように記している。

オートメイション化された大企業の産業現場における作業員は、いうまでもなく機械を操作する人であるが、殆んどオートマティックな（自動化された）機械のそばで、その補助的な仕事をするにすぎない。すなわち一定の速度で回転する機械の一部に一定の速度で材料を入れかえたり、部分品の組立てに必要部品を加えたり、多くは集団の流れ作業であるため、仕事の結果も個人の作業能率の評価というより、一定時間の作業でどれだけの優良品、不良品を生産するかが集団のノルマとなっている。殆んど頭脳をつかうことなく機械に合せて他動的に行動しておればよい。したがって単純な仕事を毎日毎日繰り返すことになる。〔……〕

したがって、会社で作業員にのぞむ人間像は、よりよきオートメイターとなることであろう——あまり深く考えず、もくもくと働く、機敏に正確に行動できる人間、機械と人間によく協調できる人間、そこには自主性や自覚、批判力は必要ない。人間機械の養成といってはいいすぎであろうか。

入社後数年を経て、養成工たちが見出したのは、製造現場のこうした単調さであった。それでも、将来的な昇進が見込めるのであれば、数年間の単調な作業労働にも耐えられるだろうが、中卒学歴の養成工は半永久的に末端の「工員」の身分を抜け出すことはできなかった。大手企業では、同じ従業員でも「職員」(もしくは「社員」)と「工員」(「職工」)の身分差は強固なものだった。

戦前期の日本では、事務・管理業務を担う職員には定期的な昇進や異動があったが、工員は随時採用が多く、長期的な雇用も保証されなかったうえに、定期的な昇進もなく、工員から職員への身分転換は困難だった。戦後はこうした状況はいくらか解消され、工員の長期雇用や定期昇進は一定程度実現した。だが、職員との待遇差は大きく、職員への身分転換には数十年の勤続年数を必要とした(『日本社会のしくみ』)。そこでは、学歴による制約が大きかった。大卒や高卒の者は、職員もしくは準職員として採用されたが、中卒者の場合は工員の最下級からのスタートだった。

ある大手造船会社では、養成工出身者が職員身分の工師になれるのは、早くても四七歳くらいで、勤続年数にして三〇年以上を要していた。また別の大手企業では、養成工は最末端の工員から四段階の昇進を経て工長となり、ようやく準職員の待遇を得られた。それに対し、工業高校(全日制)卒の者は、入社一年で正規職員の技師となった。現場では工長以下の工員を統括する立場に就き、ほどなく係長に昇進した。若い工員にとって、課長はおろか係長も「別の世界の人」で、めったに会うこともなかったという。年配のある工員は「学歴があるというだけで、あとから入ったものがどんどん職員になってゆきます。養成工はいつまでたっても工員でなかなか職員にはなれません」「四〇を過ぎた組長が三〇を出たばかりの技師に文句を言われても何も言うことができないのです」とやるせない不満を語っていた〔『勤労青年の生活』〕。

こうした現実に気づかされるなか、先の大手造船会社の養成工たちは、毎年、新たな養成工が入ってくるたびに、以下のように囁きあっていたという――「あんなに喜んで入ってきても、今にきっとがっかりするときがくるんだぜ。おれたちみたいにな」〔同書〕。

学歴差別に関する勤労青年の不満は、中小企業よりもむしろ、高学歴層が多い大企業で多く見られた。神奈川県立教育研究所が定時制高校生を対象に行った調査(一九六〇年実施)では、学歴と待遇の問題に不満を持つ層は、小規模事業所の場合、三六・九パーセントなのに対し、大規模事業所勤務では五七・二パーセントにも上っていた〔『定時制高等学校生徒の生活意識に関する研究』〕。

また、業務内容への満足度についても、同研究所の報告書(一九六一年)によれば、大企業より小企業のほうが高かった。大企業勤務のある青年は「賃金やその他の労働条件、職場内での対人関係などについてはほとんど問題もなく満足しているが、いまやっている仕事にはどうしても興味をもつことができない」と述べていたが、他方で、ある小規模事業所に勤務する青年は「いまの仕事はほんとうに適しており、毎日楽しい職場生活を送っている」と語っていた〔同書〕。『年少労働の現状』(労働省婦人少年局、一九六五年)でも、「希望を抱いて就職したはずの職場で、二年、三年と勤続するうちに、仕事に対する興味や仕事のやりがいなどは年々低下していることがわかる。とくに技術革新、オートメーション化の進んでいる規模の大きい事業所ほど、この傾向が顕著である」と指摘されていた。

しかしながら、小規模事業所のほうが賃金や労働時間の面で条件がわるく、転職希望が多かったことは、前節で述べたとおりである。そのねじれの要因について、『定時制高等学校生徒の生活意識に関する研究』(神奈川県立教育研究所編、一九六一年)では、こう指摘されている。

小規模企業にあっては、従業員の学歴構成も比較的均一であり、年配者にあっては〔尋常・高等〕小学校卒が大半を占め、また若年層では中卒程度の者が多いと考えられる。したがって、学歴からおこる差別感をあまり感じないですむのであろう。また小企業においてはは、企業体制の整備は不完全でもあり、仕事の内容も弾力性にとみ、したがって、実力次第で大きく活動する可能性があるわけである。

むろん、仕事への満足感は事業所の規模ばかりではなく、本人の意欲や資質に左右されるところも大きかっただろうが、少なくとも、大企業で働く養成工や一般工員たちは賃金や休日、労働時間などの面では一定の満足感をいだきながらも、業務内容や昇進については不遇を感じていたのである。

臨時工の不安と養成工への羨望

とはいえ、養成工や一般の工員の境遇は、臨時工に比べれば、はるかに恵まれていた。大手工場では正規の工員(本工)のほか、数カ月ごとに雇用契約が更新される臨時工が少なからず働いていた。定期採用試験に漏れた者や中途転職者が臨時工採用試験に応募して、入社することが多かった。彼らは月給も低く、賞与も半分ほどであり、組合員でないので会社の慰安会にも出られなかった。

正規工員への登用をめざして、本工よりも働きぶりが優秀な臨時工も珍しくなかったが、本工への登用試験はきわめて狭き門であった。ある臨時工は身分の不安定さや理不尽な待遇にふれながら、「三か月目に雇用を切変えられるので、切りかえが近づくと、不安とあせりで頭がいっぱいです。その様子はとても口ではいえません。その上、同輩が試験に合格して本雇に登用されるとたまらない気持になりました」と語っていた〔『勤労青年の生活』〕。

彼らは景気変動や突発的な繁忙の調整弁として位置づけられ、突如として失業者になってしまうことへの切迫した不安を抱えながら、正規工員らと作業に携わっていた。臨時工からすれば、養成工や本工たちは、たとえ昇進の面で差別的な扱いを受けていたとしても、雇用の安定性があり、将来を見通せる点で、羨望の対象であった。

「教養」への渇望

ただ、養成工たちは労働環境以外にも不満を抱いていた。それは、養成所における教学内容であった。入所後一年以上を経た養成工のなかには、「仕事ばかりしている生活が味けなく、教養を高め」たい、あるいは「普通学科の学習を充実させてもらいたい」という思いを抱く者が少なからず見られた〔『勤労青年の生活に関する研究』〕。養成所では、実技や工業知識のほか、社会科や国語などの一般教養的な科目も扱われていたが、それらがごくわずかしか取り上げられないことに、養成工たちは不満を抱いていた。

教養科目の授業内容への苛立ちも大きかった。これらの授業は、大卒の若手社員や教育課職員、課長・重役クラスが担当することが多かったが、一方向的な詰込み授業であったうえに、会社に都合のよい解釈を養成工に押し付けるきらいもあった。大手造船会社のある養成工は、それについて以下のように語っている。

養成所では、社会科の時間に憲法、労働基準法や経済概論なども型通り教えてくれました。しかし黒板に難解な熟語をやたらにかきなぐってべらべらと話をされ、消化しないままノートさせ、頭から暗記させるというつめこみ式でした。しかもその中味はあまりなかったように思います。

また中国やソ連に対しては強く批難し、それがいかに悪いものであるかを注入していきました。いつか朝日新聞に出た中国ソ連の記事を持ってき、よくない面のところだけ引き出して、三時間も講義されたが、ちょうど反対の裏付けに朝日新聞が利用された恰好になりました。このようにマルクス主義や社会主義は完全にあやまりであると、あまりに強調するためにかえって疑問を抱きました。

私たちはだんだんと形通り、ああそうですかと聞き流し、誰もが質問一つせず、表面だけ従ってゆくようになりましたが、教育課の先生はおさえつけるだけで殆んど親しみが持てませんでした。その反動からか会社以外のどこかでもっと本当の勉強したいと思うよう

になりました。〔『勤労青年の生活』〕

そうした思いを抱くのは、これに限らなかった。大手電機メーカーの養成工も「もっと教養科目を教えてもらいたい」「社会科はあるにはあるが、あまり会社中心になりすぎる。もっと巾広い内容がほしい」という不満を語っていた〔『勤労青年の生活に関する研究』〕。

前述のように、養成所での一般教養は、従業員の「人格の涵養」を意図したものであった。だが、それは、会社に都合のよい「人格の涵養」の謂でもあった。養成工たちは、養成所における教養科目のなかに、こうした恣意性を感じ取っていたのである。

さらに言えば、何事も上意下達で、養成工たちの意見の表明を許さない(かのような)企業風土への反感も、多く見られた。ある大手造船会社の養成工は、「私たちの意志を表現できるホーム・ルームも討論の機会も一切存在しなかった」「養成工の教育を一年二年とうけているうちに、中堅従業員の養成という美名によって、われわれは忠実な子飼いにされているのではないかという疑問が深まってきました」と語っていた〔『勤労青年の生活』〕。意見表明や討議の機会がなく、上意下達で価値観を押し付けられる状況への苛立ちを、読み取ることができる。

それは、彼らが戦後の義務教育を通じて理解した民主主義の理念との対比のなかで、見出されたものであった。ある養成工は、勤務評定闘争(一九五七―五九年)への共感を会社で咎められたことに言及しながら、「自分の正しいと思ってやったことが意味もなくくずされてしまうのは残念である。中学で教えてもらった人間関係や生活態度などは会社に入ってからかたっぱしからくずされてしまう」と語っていた〔『勤労青年の生活に関する研究』〕。また別の養成工も「自主性をのばし、正しいと思ったら自己主張を充分に行うようにと教えられた中学の指導とは全くちがう職場の仕組み」への違和感を吐露していた〔同書〕。言うなれば、中学校で学んだ戦後民主主義の理念との比較対照で、「自由な討議」が困難な会社の風土への批判が導かれていた。

第一章でもふれたように、農村青年たちは、学校で教わった民主主義の理念との対比のなかで、農村の旧弊や「嫁」への暴力に対する反感を抱くようになった。養成工たちもそれと同じく、養成所の教育体系や工場での「指導」のなかに、小中学校で学んだ民主主義の理念との矛盾を嗅ぎとっていた。そして、そのことが「本当の勉強をしたい」「もっと幅広い内容がほしい」という思いをかき立てたのである。

定時制との「ダブル・スクール」

多くの養成工たちが定時制高校に通ったのは、まさにそのゆえであった。大手企業の工員のなかには定時制高校に通う者が少なくなかったが、それは養成所で教育訓練を受けていた養成工も例外ではなかった。川崎市のある製鉄所では養成工の八割が、東京都の光学系の工場では四割が、養成所に籍を置きながら定時制高校にも通っていた〔『夜間中学・定時制高校の研究』〕。彼らは養成所への飽き足らなさを実感していたがゆえに、定時制通学を求めたのである。

他の大企業に比べても「給料も雰囲気も恵まれている」という大手電機メーカー勤務の養成工は、定時制高校に通うようになった動機について、以下のように語っていた。

会社が養成工にのぞむことは、機敏に正確に行動できる人間、機械と集団によく協調できる人間となること、自主性や自覚批判力はあまり必要ないことを暗示している。自主性をのばし正しいと思ったら、自己主張を充分行うようにと教えられた中学の指導とはあまりにかけはなれて、一年とたつうちに私の頭は困らんしてしまった。何が何だかわからないまま、何が真実なのか、もう一度学校に入って確めてみたかったのです。〔『勤労青年の生活』〕

中学で学んだ民主主義的な討議の規範との対比で、企業が工員に強いる行動原理への違和感が導かれ、そこから「何が真実なのか」をつかみとるべく、定時制進学が選び取られていた。

言い換えれば、彼らの定時制通学の動機は、直接的な実利のためというよりは、何らかの教養を求めてのものであった。別の養成工たちも「高い教養学問をうけなければ、人間は完成されない。別に定時制高校を卒業してより高い職業に転職しようとは思わないが、人間としての教養を高めるために通学している」「一人前の職工になることも大切だが、それとともにバランスのとれた人間になりたいと思っている。職場の先輩たちをみていると、そういうことを感じる。それには定時制高校にゆくことが大切だと思っている」と口々に語っていた〔同書〕。

その意味で、養成工をはじめとする大企業の工員たちも、中小・零細企業の勤労青年たちと同じく、定時制高校に「教養」を求めていた。先にも述べたように、定時制高校生の半数以上は「できるだけ教養を高める」ことをその動機としており、「高校卒の資格を得る」（一八・七パーセント）をはるかに上回っていた。こうした教養志向は、中小・零細企業と大企業双方の勤労青年に共通するものであった。

だが、「教養」を求める背景は、両者の間で異なっていた。中小企業の勤労青年たちは、進学組への憧れと反発、進学予定者に手厚かった中学校教育への反感、現状の労働環境から脱却しにくいことへの諦念が相俟って、定時制に教養を求めていた。それに対し、大企業に就職でき、さらには難関の養成所に合格できた勤労青年たちは、進学組へのコンプレックスが皆無ではないものの、一定の達成感と給与等の待遇の良さを実感できた。しかし、学歴と昇進をめぐる理不尽な扱いや、デモクラティックな討議を許容しない企業・養成所の風土を目の当たりにするなか、会社に自己同一化させる生き方に疑問を持つようになった。そのことが、職場や養成所への幻滅を導き、あえて定時制高校で「何が真実なのか」を模索することにつながった。

定時制高校生の教養志向は、青年たちが勤務する事業所の規模の大小にかかわりなく見られるものであった。だが、定時制高校、ひいては教養が選び取られる背後には、それぞれ異なる力学が働いていたのである。

通学をめぐる軋轢

それにしても、養成工を含む大企業の工員たちは、定時制高校に通ううえで、何らかの支障はなかったのだろうか。養成工の勤務時間は八時ごろから一六時ごろまでとされていることが多かったので、養成所を終えてから定時制高校に通うことは、さほど困難ではなかった。

だが、定時制への通学は、会社のなかで好ましく思われるものではなかった。ある大手造船会社の教育担当者は「退社後定時制へ通うのは本人の自由ですから、所〔＝養成所〕としては、すすめもしないが妨げもしません。〔……〕しかし昼間は勤めて、夜間に学校へ行くことは過労に陥りやすく、ひいては勤務に支障を来たすおそれがあるということは言えます」と述べていた〔『勤労青年の生活に関する研究』〕。

工場・養成所での実習・勉学への支障を懸念するのは、企業の教育担当責任者としては自然なことかもしれない。だが実際には、そこには取得された学歴への対応の問題があった。

前述のように中卒学歴の工員は、たとえ養成工出身であっても、高卒者に比べて昇進や職員登用に圧倒的に長い時間を要し、四半世紀ほど勤務しても工員の身分のままで、若い高卒・大卒職員の指示を受ける存在だった。したがって、定時制高校を卒業した養成工（および一般の工員）たちが、そのような境遇から脱却すべく、高卒としての扱いを求めるのは当然であった。しかし、企業の側がそうした対応をとることは、まずなかった。先の教育担当者も、定時制卒業後の取り扱いについては、「定時制を卒業しても、勤めの方とは直接の関係は認めていません」と語っていた〔同書〕。大手製紙会社の労務担当者も、「将来もその学歴は認めない」「夜学で得た学歴や資格を認めていたら、誰も彼も行くようになり、それでは会社の仕事が第二になりますからね」と述べている〔『勤労青年の生活』〕。

企業にしてみれば、定時制を卒業した工員たちを高卒の職員として処遇していくとなると、工場現場の末端の作業を担う工員が不足する一方、職員の系列に余剰が出てしまうことが懸念された。神奈川県立教育研究所の報告書『勤労青年の生活に関する研究』（一九五九年）では、「養成工は中卒を条件に、中堅従業員養成を目的として採用した者で、そのために必要な三ケ年の教育を施している。会社に必要な高卒者は別にその条件で採用してあるから定時制卒を認める必要がない」という企業の意向に言及されていた。

当然ながら、工員たちはそれに不満を抱いた。同報告書でも、「職場での地位は学歴によってはっきりと区別されているのに、自分たちが苦心して得た定時制卒の学歴を認めてくれないのは不合理だ」「定時制を卒業したからといって立身出世の条件にしようとは思わない。しかし、定時制を卒業して実力があるのに中卒にしか扱われないというのでは、仕事に張り合いがなくなる」という工員たちの憤りが紹介されていた。

定時制の高卒学歴は、前述のように、転職の際にほとんど認められなかったが、大企業での昇進においても、それは同様だった。定時制卒というキャリアは、ここでも「まがいものの高卒学歴」とみなされていたのである。企業の側が工員の定時制通学に消極的だったのも、昇進や身分転換をめぐる工員の不満を懸念してのことであった。

他の定時制高校生や教員との接触を通じて、過激な労働運動や左派的な思考様式を持ち込まれることも、企業の側では警戒されていた。大手製紙会社のある管理職は「夜学へ行かすと学校での仲間から、夫々（それぞれ）組合の斗争を学んできて、無批判にとり入れるので面白くない」と語っていた。また別の企業の教育担当者も、「定時制では生徒に不満だけいわせて、あとの指導をしない。話し相手になる先生はわかりがよいと人気があるらしいが、生徒はだんだん左に片よる。生徒は調子にのって定時制にいっていない工員にまで不平不満をたたきつける」と述べている（『勤労青年の生活』）。定時制に通う工員が組合運動や企業批判を吸収することだけではなく、それを職場の他の工員に媒介することが危惧されている。このことも、企業が工員の定時制通学に必ずしも積極的でなかった要因であった。

また、養成工たちも一枚岩ではなかった。養成所や工場のあり方に批判的で定時制に通う工員が少なくなかった一方、「俺はどうせ工員として生涯を過すのだから、早く班長とか組長とか工員の長のつくものになろう」「こんな会社で文句をいってもどうにもなるものではない、言うだけ損だ」と考える者たちもいた。全国教育研究所連盟編『勤労青年の生活』（一九五九年）は、前者の「ひねくれ組」と後者の「会社忠勤型」「おべっか組」との対立を指摘していた。養成工教育は、ときに中卒勤労青年のこうした分断を生んでいたのであり、「ひねくれ組」の青年は、教育課職員だけではなく、「おべっか組」の同僚の白眼視にも耐えながら、定時制に通っていたのである。

「解放」の場

だが見方を変えれば、定時制高校は、こうした職場での軋轢から工員たちを解き放ってくれる場でもあった。ある定時制高校生は、「教養を高めるとか、親しい友だちと話し合えるとかはもちろんですが、学校のもつ雰囲気がたまらなく好きなのです」と述べていた（『勤労青年の生活に関する研究』）。彼らは、工場や養成所での自由な意見交換ができない雰囲気や、定時制通学をめぐる白眼視に苛まれていたが、学校はあくまで生徒同士が対等に話し合える場であった。

別の養成工の以下の記述は、そのことを如実に物語っている。

T会社はいくら民主化されたといっても気づかいが多く、長いものに巻かれろ主義になりがちですが、学校へくればみんな同等の立場でいられるし、わからないことはとことんまで話し合えます。学校にくれば夜間生でも学生扱いですが、会社では学生の立場でいられず、社会人になっていなければなりません。学校にくれば何か楽しいというのでなくとも、みんなの顔をみれば楽しいのです。〔同書〕

定時制高校は彼らにとって、会社にはない対等な人間関係と自由な討議が可能な空間であった。神奈川県立教育研究所が一九六〇年に定時制高校生に実施した調査でも、「学校生活で一ばん魅力を感ずるものは何か」という質問に対して、彼らの五一・二パーセントが「親しい学友と楽しく話しをすることができること」と答えていた。それは「先生の親身な指導があること」(四・一パーセント)、「卒業の資格をどうしてもとりたいという気持」(八・六パーセント)を大きく上回っていた〔『定時制高等学校生徒の生活意識に関する研究』〕。

前述のように、彼らは中学校までの教育との対比で、養成所や職場のデモクラティックでない雰囲気に違和感を抱いたわけだが、逆に言えば、養成所との対比で、中学時代にはありふれたものでしかなかった対等性や討議に価値が見出されていた。定時制への通学は、そうした学校的な対等なコミュニケーションの場に再び身を置くことでもあったのである。

3　定時制が生み出す「冷却」

両立の困難

だが、はたして定時制は、勤労青年たちの教養や討議への関心をどれほど満たすことができたのか。全日制高校に進学できなかった大企業、あるいは中小企業の勤労青年たちにとって、定時制はたしかに「教養」にふれることを可能にし、進学組に対する鬱屈をいくらかなりとも和らげるものであった。しかし、教養や勉学への関心は多くの場合、定時制に通うなかで徐々に冷却されていったのが実情であった。

何より大きかったのは、仕事と勉学の両立の問題であった。日中の労働を終えて授業にのぞみ、その後予復習を行う生活は、若い勤労青年たちにとっても負担の大きいものであった。文部省調査局『定時制課程(夜)生徒の生活実態調査』(一九五七年)によれば、標準的な定時制高校生の生活時間は**表2―4**のようなものであった。

そこからもうかがえるように、定時制高校生には自分の自由になる時間は、一日のうちではほ

表2-4　定時制高校生の標準的な生活スケジュール

起床・食事	7:00- 7:30　(約30分)
出勤	7:30- 8:00　(約30分)
労働	8:00-17:00 (約8時間)
通学	17:00-17:30　(約30分)
授業	17:30-21:00(約3.5時間)
帰宅	21:00-21:30　(約30分)
食事	21:30-22:00　(約30分)
予復習	22:00-23:00 (約1時間)
睡眠	23:00- 7:00 (約8時間)

とんどなかった。ある定時制高校生は、「毎日きまった労働時間を持ち、それに睡眠と三分の二以上をひきさかれ、学校にいる時間をのぞくと、もう自分の時間は学校がおわり眠るまでしかのこされていない。その時間さえ、現実にはいろいろのことに使用されて、勉強などおよびもつかない場合がおおい」と、時間的な余裕のなさを嘆いていた〔『定時制』〕。

また、彼らの業務は体力を消耗するものも多かっただけに、疲労が勉学の妨げになることは珍しくなかった。准看護師を務めていた定時制高校生は、「精神的・肉体的疲労の問題」のゆえに、定時制高校での生活に「挫折しかかった」ことについて、以下のように綴っている。

　週に三日間の日勤は良いとしても、夕方四時から夜の十二時までを勤める准夜勤と、夜中の十二時から朝の八時までの深夜勤、六日間を通しての夜勤は、とても重労働なのです。学校の授業終了のサイレンに、「ああ、今日も済んだね」と、無事一日を終えた安堵を喜び合う学友の中にあって、更に私には深夜勤の勤めが待ち構えているのです。そして深夜があければ、前日准夜勤の為に欠席した学校のノートに追われるという不規則な生活の連続、だからといって勤務部署の交替などは、とうてい許されるものではありません。そんなことで学校はおろか、生きて行くことさえが大儀になり、学校も、時には病院をも欠席するといった始末でした。［『誇りある青春2』一九六六年］

定時制高校に通う青年たちにとって、職場勤務と勉学の両立は体力的に容易ではなく、期待を抱いて入学した定時制での勉学意欲も、徐々に削がれていくこととなった。

ことに、中小・零細企業では労働時間が八時間を上回ることも珍しくなかった。『定時制高等学校生徒の生活意識に関する研究』（神奈川県立教育研究所、一九六一年）によれば、小規模事業所勤務の定時制高校生の二割近くが、労働時間が九時間以上に及んでいた。松江市の時計店に勤務する定時制高校生は、朝八時から一七時ごろまで勤務したあとに定時制高校に通い、さらに下校後に職場に戻り、二一時から二三時すぎまで働く生活をしていた。こうしたなかで、定時制高校での教学内容を十分に吸収することは困難だった。その青年は「深夜の十二時近くになって、ようやく自由になり、机に向かっても、疲労と眠気で勉強に身がはいらないのです」と綴っていた［『誇りある青春2』］。

勤務の都合で授業を欠席したり遅刻することも、多く見られた。先の神奈川県立教育研究所の調査でも、遅刻回数が一割以上の者は定時制高校生の三分の一近くに達していた。先述の時計店勤務の定時制高校生も、「毎日のように仕事が五時ごろに終わり、一時間目の授業は、ほとんど遅刻のため、中途半端に終わっていました。だから、どうしても学習が遅れがちになってきたのです。そうなると、何かと面白くなく、「えい！ もう、どうにでもなれ……」といった、なげやりな気持がおきてきます」と記していた〔『誇りある青春2』〕。疲労の累積に加え、遅刻・欠席が続くことで、授業内容の理解が困難となる状況がうかがえよう。

予復習の時間の確保が困難だったことも、これに拍車をかけた。文部省の先述の調査では、予復習に充てられる時間は一時間と見積もられていたが、その数字は「わりあいにまじめな生徒」の場合であり〔『定時制』〕、実際には「疲労が意欲をうちまかしてしまい、毎日二〇〜三〇分でも自習するものは半数にみたない」と言われていた〔『勤労青年の生活に関する研究』〕。神奈川県立教育研究所の調査（一九五九年）では、ほとんど勉強しないケースが三分の一近くを占め、休日にまとめて勉強する者でも、二七パーセントに留まっていた〔同書〕。

職場での圧迫

定時制通学が職場で歓迎されなかったことも、既述の通りである。「わざと帰りがけに「仕事を」いいつけたりする人」がいることとは、多くの定時制高校生が語っていたが、往々にして無理解な姿勢をとるのは、事業主というよりは、やや年長の同僚であることが多かった。座談会「働きつつ学ぶ人々――定時制高等学校生徒の実態」（『教育新潮』一九五四年一〇月号）では、「経営者自体が［定時制通学に］ブレーキをかけるというより、二つか三つ年長の同僚が、変にブレーキをかけてるのが多い」ことが指摘されていた。前田裕由「中・小企業の雇い主たち・青年たち」（『月刊社会教育』一九六一年四月号）によれば、ある店員が「一五時間も働いては、手紙も書けない」とこぼしたところ、そこの「番頭さん」が「手紙は半分書いたら、あくる日つづきを書けばいいんだ」と言い放ったという。これは定時制そのものの話ではないが、「店主より番頭クラス（四十才前後）のひとたちに問題が多い」という点では、同様であった。

もっとも、「番頭クラス」も若い頃にはおそらく同じ境遇に置かれていたのだろうが、見方を変えればそこには、若い店員が入ってくるたびに年長者が圧迫を下に振り向ける「抑圧の移譲」を読み取ることもできるだろう。

住環境の問題も大きかった。クリーニング店のある青年は、四畳半一間に兄弟子と三名で下宿していたため、夜中に勉強しようにも「兄弟子からは「まぶしくてねむられん」といっていやがられ」たり、「下宿のおばさん」から「電気料がかさむと小言をいわれ」たという。やむを得ず「こっそり懐中電灯をつかって勉強し」たが、「一日によくできて一時間、ある時はノートをひろげ、懐中電灯はつけたまま朝まで眠ってしまった」こともあった〔『誇りある青春』〕。

とくに中小・零細企業の場合、雇用主宅での住込みも多かった。四名以下の事業所では、若年従業員の半数以上が住込みであることが、『年少労働の現状』(労働省婦人少年局、一九六五年)で報告されている。なかには、二畳に六人、四畳に八人が寝起きしたり、雇用主家族の寝室と区別されていないケースも見られた〔『印刷及び製本業に使用される年少労働者の実態調査』一九五九年〕。こうした環境で勤労青年たちが自室で勉学を行うことは困難だった。ある住込青年は、夜中に勉強していると「何してるんだ、二階はまだ起きてるのか。早く寝ろ」と叱責されたことを記している。それは体調を気遣うのではなく、電気代がかさむことを気にしてのことだった。その青年は続けて、「それじゃ私はいつ勉強すれば良いのだろうか。店員になつたんだから、勉強はしちやいけないのだろうか」と怒りをあらわにしていた〔「デッチ奉公」〕。

健康の問題

無理な生活のゆえに、健康がむしばまれる定時制高校生も少なくなかった。高塚暁『定時制』(一九六〇年)によれば、一カ月以上にわたって医師の治療を受けている定時制高校生は一一パーセントに及んだが、全日制の場合、それは〇・四パーセントに留まっていた。帰宅が遅いことによる食事の不規則さもあって、消化器系の疾患が多く見られたが、それ以外でも呼吸器や神経系の疾患のほか、結核もあった。

零細企業では社会保険が整備されていなかったことも、健康悪化に拍車をかけた。前述のように、五名未満の事業所は健康保険加入率が二割、労災保険の場合でも五割弱に留まっていた。ある定時制高校生は腎臓の病を患ったが、臨時工だったために健康保険に加入しておらず、入院費の支払いも困難だった。彼はその心境を「私はもう働けないのかと思うと、またまた母に心配をかけなければなりません」「どうせ死ぬのなら一日でも早く死にたい」と綴ったうえで、以下のように書き記していた。

> 貧しいものは一生貧しさにつきまとわれて終るようです。学校をやめなければならないようです。いまの私は一日も早く病気をなおしてということを考えていますが、なんだか先が真暗なような気持です。［『定時制』］

一九六〇年時点で健康保険を利用できた定時制高校生は、事業所勤務の者で五割前後、自営業や農業・漁業・鉱業、商店勤務に従事している者は一六パーセント程度でしかなかった［同書］。国民健康保険が皆保険となる一九六一年よりも前のことである。そのために、体調を崩してても病院での受診を避ける傾向が見られた。そのことは、疾病の早期発見を困難にし、症状悪化のために学業継続ができなくなるだけでなく、ときに命を落とすことにつながっていた。高塚暁『定時制』(一九六〇年)でも、「医療保険に未加入の事業所につとめているものにまた疾患が多く、病気にかかった場合でも、医療保険がないためみすみす病気を重くして退学しなければならない悲しい運命に生徒たちは直面している」ことが指摘されていた。

設備の劣悪さ

ただ、勤労青年が定時制での勉学から遠のいていく理由は、職場の問題や両立に伴う負担ばかりではなかった。定時制高校の設備の劣悪さも、大きな要因のひとつだった。

栃木県のある定時制高校では、照明の光度が文部省の基準に達していたのは「図書館の電灯の真下」のみであったという(「本校に於ける夜間照明の実態」一九五四年)。定時制高校では夕刻以降に授業が行われることが多いため、不十分な夜間照明は、生徒の視力の低下や疲労の蓄積を招くものであったが、それが十全な学校は限られていた。

理科実験設備が不十分なところも少なくなかった。定時制高校のなかには全日制高校に併置されているものが少なくなかったが、そこでは往々にして、照明設備は全日制が前提にされていた。したがって、照明が不十分なために理科実験に支障をきたすことも多かった(『定時制』)。

図書館(室)の不備も目立っていた。東京都教育委員会が一九五八年二月に行った調査では、一一九校中、図書館(室)のない学校は三二校に及んでおり、それらの学校では「廊下の片隅なり職員室なりに書庫を置いて生徒達に本を開放」することで補っていた。図書室があるところでも、閲覧室がある学校は六八校に留まっており、設備の不十分さは明らかだった(『定時制高等学校に関する調査』)。『朝日新聞』(一九六四年一二月一五日)の以下の記述は、「施設の不備は定時制の常識」(『夜間中学・定時制高校の研究』)と言われる状況を如実に語っている。

定時制高校はあいかわらず日が当らない。運動場に照明がなく、ソフトボールはおろか、バレーボールもできない学校、図書室も満足にないところもある。ある職業高校の染色科の教室はハダカ電球が二つ。これで色が出せるのだろうか。勤労青少年の教育といいながらあまりにお粗末すぎはしないか。

図2-8　定時制高校での夜間授業(1960年代半ばごろ)

「間借り」とセクショナリズム

定時制高校の「日が当らない」状況は、全日制高校等に併設されていることにも起因していた。表2—5にもあるように、一九五〇年代以降、単独で設立されている定時制高校は極めて少なく、圧倒的な大

表 2-5　定時制（本校）独立校・併置校の推移

年	独立校数	併置校数
1948	472	355
1950	281	1,280
1953	383	1,444
1956	364	1,500
1959	369	1,466
1962	297	1,341
1965	253	1,284
1967	238	1,244

多数は全日制との併置校であった。また、分校の場合も中学校や小学校が用いられることが多かった〔『大阪定通教育二十年記念誌』〕。

こうした「間借り」の状況は、教学面でさまざまな支障を来した。特別教室や女子更衣室が不足しがちなことはむろんのこと、小中学校に併設されている場合は、机や椅子が高校生の体格に合わないという問題も生じていた。定時制担当の事務職員も不足していたほか、職員定数が少ないために免許を有していない科目を教える教師もあったという〔『定時制』〕。

「間借り」のゆえに、移転や廃止を迫られることも少なくなかった。都立定時制一ツ橋高校今川分校は、千代田区立今川中学校の三教室を専用し、一〇教室を共用で使用していたが、今川中学の要望で一九五四年度から生徒募集が中止された。人口増加に伴い、中学校のほうで二学級増設の必要に迫られたことに加えて、千代田区も東京都も何ら予算を追加しなかったことが背景にあったとされる〔「勤労青少年と間借りの定時制分校」〕。

そのほかにも東京都では同様のケースが見られたが、そこでも「便所にはワイセツならくがきがしてあり困る」「中学生が朝登校してみたらタバコの吸ガラが落ちていたりするので学校管理ができない」などの問題が指摘されていた〔同前〕。

中学校からすれば、生徒への影響の点でこれらは憂慮すべきものであったが、少なくともそこでは、中学教育の充実が定時制教育の縮小につながっていた。

全日制と定時制の併置校では、両者のセクショナリズムが目立っていた。定時制高校は全日制に比べれば生徒数が少なく、予算やPTA費、校友会費には限りがあった。したがって、定時制主事の教員は、しばしば全日制教員との調整に苦労しなければならなかった。『大阪定通教育二十年記念誌』(一九六八年)には、「各校とも予算の訓達がなく、全日制に頭を下げて校友会費を流用させてもらったり、需要費を分けてもらったりせねばならない。やれ電灯設備だ、いすだ、机だといちいち肩身の狭い思いをしては、全日制の世話になって苦労するのは〔定時制〕主事である」と記されていた。

だが、「肩身の狭い思い」をしても融通されるのであればよいほうで、実際には両者のあいだに壁が設けられていることが多かった。併置校であっても、図書館(室)が全日制と定時制とで分けられ、全日制図書室は夕方以降、施錠されることもあった〔『朝日新聞』一九六六年七月一一日〕。それ以外でも、全日制の理科室や特別教室を定時制は使用できなかったり、ロッカーも全日制だけにしか設けられていないといったことは、しばしば指摘されていた〔『読売新聞』一九六三年三月二五日〕。『朝日新聞』(一九六六年七月一一日)は「定時制高校に光を――つきまとう差別の壁」と題した記事のなかで、こうした事例を引きながら、次のように記している。

予算の少ない定時制の図書室は、百冊ぐらいしか本がない。すぐ隣に二、三千冊の蔵書をもつ全日制の図書室があるのに、使わせてもらえない。物理、化学の実験室も同じことだ。真夏でも、定時制の生徒たちは、体育の時間以外はプールで泳げないのだ。

全日制の生徒会費やＰＴＡの寄付金で充実したものだから、金を出さない定時制には使わせない――教材面で、全日制と定時制の間に厚い壁をつくっている高校がまだ多いのだ。

定時制高校生たちは、全日制高校の充実した設備から自分たちが排除されていることを、日々見せつけられていたのである。

教員の意欲の欠如と過重労働

定時制高校生たちは設備面だけではなく、教師からもしばしば冷淡な扱いを受けていた。ある定時制高校生は、「定時制の先生自身も、昼間生より夜間生をかるくみているようで気になります」と語っていた(『勤労青年の生活に関する研究』)。ほかの生徒たちも、明らかに意欲を欠いた教師たちについて、以下のように不満を述べていた。

教師のなかにもよく休む先生がいる。放課後質問にいってても帰ることばかり気にして、ろくろく質問や、相談にのってくれない。〔『勤労青年の生活』〕

私の学校では授業中に先生が生徒を名ざしすることもなければ、課題を出すということもない。また先生が欠席すれば授業は取りやめとなる。これも一日の授業時間が多ければともかく、定時制ではわずか四時間である。これでは授業に身がはいらなくなるわけだ。〔『毎日新聞』一九六三年一二月八日〕

実際に、定時制勤務を希望する高校教員は限られていた。人事交流においても、「定時制から全日制への一方交通に止まり、全日制から定時制への交通は特殊な場合を除き、止っている」ことが指摘されていた〔『昭和三三年度全国定通協報告書』〕。大阪の定時制教育関係者の会合でも、「定通〔＝定時制・通信制〕教育の重要性を表面にはときながら、具体的な人事では、問題の人を定時制へまわすなどということがあるのではないだろうか」と指摘されていた〔『大阪定通教育二十年記念誌』〕。

そのことは、定時制教員の世代的なアンバランスにつながっていた。長野県を例にあげると、全日制高校では三〇—四五歳の中堅教員が五二・八パーセントを占めていたが、定時制の場合、三八・二パーセントに過ぎず、経験の浅い二〇代の教員が二七・三パーセント(全日制では一八・〇パーセント)、五〇歳以上の年長層が二五・八パーセント(全日制では一八・八パーセント)に上っていた。つまり、「教育意欲に燃え、しかも肉体的にも、経験的にも、学識的にも円熟した中堅教員」が、総じて不足していたのである〔『夜間中学・定時制高校の研究』〕。

では、なぜ定時制への着任が避けられやすかったのか。ひとつには、夜間勤務に伴う過重負担があった。日曜日以外は毎日、夜間を中心に勤務するので、健康を害しやすかった。生活は不規則になりやすく、食事や睡眠も遅い時間帯になることで、間食代・光熱費・暖房費がかさんだり、体調を崩すことも少なくなかった。また、家庭生活のうえでも、家族との生活リズムのずれが、しばしば団欒を阻害し、夫婦間や親子間の不和も見られた〔『定時制』〕。

生徒指導業務の負担も大きかった。定時制の生徒のなかには、家計困難のゆえに全日制高校に進学できなかった者が多かった。また、戦災で親と死別し、親戚宅に肩身の狭い思いで寄寓する生徒もいた。仕事との両立が困難であったり、勤務先で定時制通学が快く思われていないケースも珍しくなかった。これらをめぐる家庭訪問や職場訪問も少なくなかったが、それに伴う時間外手当や交通費は十分に支給されなかった。これらに加えて、授業料の徴収や志願者確保に奔走せねばならないことも、しばしばだった［同書］。

当然ながら、定時制教員は長時間労働が常態化していた。ある定時制教員は、四月に赴任して一二月末までの二六七日間のうち、完全に休めた日は一三日に過ぎず、出張は通常の勤務時間外に行い、その後も夜間授業を行わねばならなかったという［「定時制分校の教師として」］。

学力格差

生徒の学力のゆえに、意欲をなくす教員も少なくなかった。定時制高校生たちは、勤務と学業の両立が容易ではなく、予復習の時間もほとんどとれなかったこともあり、平均的な学力は、必ずしも高いものではなかった。文部省が一九五六年度と五七年度に行った全国学力調査では、国語の平均点が全日制は六二・一点であるのに対し定時制は四九・二点、数学は全日制三二・九点に対して定時制は一五・九点という結果であった。中学レベルの平易な文字式の計算でも、正答率が中学生を下回ることもあったという［『定時制』］。遅刻・欠席の多さも、数学のような基礎から積み上げなければならない教科の習得において、大きな障害となっていた。

教師たちのなかには、学力の低さを生徒たちに詰問する者もあった。全日制と併置されたある定時制高校では、「全日制の生徒は皆、出来るのに、お前達だけが出来ぬのは何事であるか」と教師が生徒を罵倒していたという［「勤労学徒とともに」一九五七年］。そのほかにも「一般的に生徒の能力が低く、努力しても張りがない」「定時制の社会的評価が低い」という理由で、定時制勤務を避けたがる教員は珍しくなかった〔『夜間中学・定時制高校の研究』〕。

むろん、なかには高学力層もないわけではなかった。中学校の上位層が企業の養成所で勤務しながら、定時制高校に通うことも多く見られた。『朝日新聞』(一九六三年四月一一日)では、定時制高校を卒業した生徒が、東京都立大学にトップで合格したことが大きく報じられていた。だが、裏を返せば、定時制生徒の学力が総じて低いがゆえに、それがニュースになり得たことは否めなかった。

こうした学力格差は、授業運営を難しくしていた。高塚暁『定時制』(一九六〇年)では、「あまりにも生徒の能力に差がありすぎるために、ある生徒に満足感を与える授業は、ほかの生徒には不満としてうけとられるという逆な現象がおこっている」ことが指摘されていた。体力と技量において十全な中堅教員であれば、まだしも対応できたかもしれないが、体力・気力が衰えがちな年長教員や経験の浅い若手教員が定時制高校に多かったことを考えれば、それも容易ではなかった。

定時制高校を本務とする教員も、限られていた。一九六五年度における全国の定時制高校の本務教員数(国公私立の合計)は二万一二六二名だったのに対し、兼任教員(併置されている全日制の専任など)が一万五四九名、兼務教員(他の学校の専任教員)が六六三〇名であった。つまり、定時制高校の本務教員は全体の五五パーセント程度に留まり、全日制や他の高校等との兼任が半数近くを占めていたことになる。全日制では本務教員が八七・五パーセントであったことを考慮すれば、定時制高校の専任率の低さは際立っていた〔『夜間中学・定時制高校の研究』〕。いわば、定時制は施設のみならず、教員配置の面でも「間借り」の状態にあった。

必然的に、「昼夜のかけもちで疲れている教師」は少なくなかった。それに伴う教学の問題について、日本青年団協議会編『渋谷町青年教育調査報告』（一九五五年）はこう記している。

教師は、昼間の教師のかけもちが大部分である。したがって、カリキュラム、時間割の編成はいきおい個々の教師の個人的な都合によって左右されるから、融通性をうしない、とくに生徒の教科選択は、ほとんどその余地のないほど制限されている。教科の内容は、昼間の大学受験準備教育的なありかたがもちこまれ、別に夜学生の特別な条件を顧慮するものでもない。

同報告書はさらに、「夜間部の生徒の学力が一般に低いこともあって、一生懸命やっても、わりのあわない感じもするので、いきおい「講義式」の学習指導の連続におわってしまうらしい」とも指摘している。生徒の平均的な学力に伴う「わりのあわない感じ」のゆえに、「夜学生の特別な条件を顧慮」する意欲が削がれ、「昼間の大学受験準備教育的なありかた」がそのまま持ち込まれることは、珍しいものではなかった。

断っておくと、定時制教員のすべてがそうだったわけではない。学業との両立が困難な生徒に寄り添う教師も、一部には見られた。ある教師は「長期欠席の生徒を訪問し、勉学の意欲を失いかけている生徒を立て直おしたり、理解のない事業主の啓蒙をしたりする」ことに「生き甲斐」を抱いていたことを綴っている〔「定時制分校の教師として」〕。だが、すべての教師がそうだったとも言い難い。この教師も、保護者への授業料徴収や生徒募集にまで駆り出される多忙さと周囲の教師の意欲のなさに直面して、目標を失いかけたことを記していた。業務の多さに加えて「わりのあわない感じ」を抱いていた定時制教員は、決して少なくはなかったのである。

「冷却」される勤労青年

両立の困難や健康の問題に加えて、定時制高校の設備や教師への違和感が折り重なるなか、勉学への意欲を失う定時制高校生は珍しくなかった。ある勤労青年は、学歴や進学のためではなく、あくまで「自分の好きな文学の勉強でもしようとおもって」定時制に入学したが、「数学、理科になやまされ、国語も文学というよりも文解釈ばかり。これではくるんじゃなかった」という思いを抱くようになったという〔『定時制』〕。また、別の生徒は、「まあ、夜ぶらぶらしていてもしようがないから来ているのさ。学校へ来ていれば、わるい友だちもできないし、無駄づかいはへるし、ばかでもなにか覚えてくるでしょう。学校にはあまり期待はしませんね」と語っていた〔同書〕。「教養」への期待を抱いて入った定時制ではあったが、日常の仕事との両立が難しく、設備や教師への違和感も重なって、教養への憧憬や勉学への意欲は往々にして冷却されていった。

それもあって、定時制の中退率は極めて高かった。ある定時制高校生は、入学時に七〇名だった同級生が、二年時には四〇名にまで減少したことを語っているが〔『誇りある青春2』〕、これは例外的な数字ではなかった。『学校基本調査』（文部省）によれば、一九六〇年度の定時制入学者のうち、翌年度に第二学年に進んだ者は八三・四パーセント、その翌々年度に第四学年に残った者は六五・九パーセントに過ぎなかった。全日制の場合、一学年当たりの減少率は二パーセント程度しかなかったことを考えれば、定時制の中退率の高さは明らかであった。四年間で卒業できる者に至っては、半数を切ることも、しばしば見られた〔「定時制高校にもっと理解を！」〕。

好条件での転職や昇進につながらないことも、中退率を増加させた。ある定時制高校生は、退学届を手にしながら、「楽しかった学生生活だったけれども、やはり高校を出てもあまり恩恵がありそうもないし、しょせん中卒生、教養が高くなるのは魅力だが、それで生活できる訳ではないし、それにうちの社長もあまりいい顔をしないので……」と語っていた〔『誇りある青春2』〕。また、「ママ子扱いの定時制高校」（『読売新聞』一九六一年一二月一四日）では、定時制高校生の以下の言葉が紹介されていた。

入学当時ははり切っていますが、一年、二年とたつうちに社会の冷たさがわかってきますし、希望がないということが、みんなに苦労して定時制を出てもという気を起こさせます。〔……〕努力しようにも、行く手が閉ざされている以上、こう考えるほかはないでしょう。

入学した後に定時制を取り巻く環境に気づくなかで、希望が失われ、努力する意欲が削がれていく状況がうかがえる。

そのことが定時制高校生の学力の問題と密接につながっていたことは、容易に想像できよう。大手企業が定時制卒業生の採用の門戸を閉ざしていたことの理由のひとつに、基礎学力の低さがあったことは前述のとおりである。しかし、「基礎学力がないから就職できない」というよりは、「就職の見込みがないから勉学意欲が失われる」という面があったことは否定できない。先の「希望がないということが、みんなに苦労して定時制を出てもという気を起こさせ」るという記述が、そのことを如実に物語っている。ある定時制教員も、「平均学力の低いことは認める。しかし差別の壁がなくなれば、勉学の意欲もわき学力も高まる。差別撤廃が先決だ」と語っていた〔『朝日新聞』一九六三年八月二九日、夕刊〕。

このことは、旧制高校や大学における教養主義と対比してみることで、よりその特質を浮き彫りにすることができるだろう。プロローグでも少しふれたように、戦前期の旧制高校や戦後初期までの大学では教養主義が盛り上がりを見せ、試験や就職といった実利を目的とするのではない読書が学生たちの規範文化となっていた。古今東西の思想・文学・歴史書などが繙かれたのも、そのゆえである。だが、そもそもの前提として、大学生たちは将来的に企業や官庁の幹部になることが見込まれていた。大学進学率が数パーセントに過ぎず、彼らがごく少数のエリートであった時代である。彼らが教養主義のなかで実利を超越できたのは、それでも実利が半ば保障されていたためである。

そうした教養主義が揺らぎ出し、没落の兆しを見せるのは、一九六〇年代末の大学紛争の時代であった。大学進学率が上昇したことで、彼らはかつてのようなエリート像をその将来に見通すことができなくなった。そのことが知や教養への懐疑につながり、教養知識人への憎悪につながった〔『教養主義の没落』〕。

だが、勤労青年たちは、大学紛争以前の時代においてさえ、実利が保障された将来を見通すことはできなかった。彼らははじめから実利と切断されたなかで、教養を模索しなければならなかった。その点で、学歴エリートの教養主義とは異なるものであった。当然ながら、その意志を定時制高校に通いながら持続させることは、容易ではなかった。

勤労青年たちは、「進学組」への屈折した思いや養成所への違和感を起点に、定時制高校に入学し、勉学や教養に向き合おうとした。だが、両立の困難や社会的な蔑視、教師の意欲の低さなど、定時制高校を取り巻く環境が、彼らから希望や意欲を奪っていった。定時制は、教養に憧憬を抱く勤労青年たちの受け皿であったのと同時に、その憧れを冷却させ、結果的に教養を彼らから遠ざける機能を帯びていたのである。

定時制の退潮

それでも一九六〇年代半ばごろまでは、定時制の生徒数はおおよそ五〇万人程度を維持していたが、六〇年代後半以降にもなると、その数は急速に減少していった(図2—3)。全国の定時制高校生総数は、一九五九年で五四万人、一九六五年で五一万人であったが、一九七〇年には三七万人(一九六五年時の七二パーセント)、一九七五年には二四万人(同、四七パーセント)にまで激減した[『学校基本調査』]。多くの集団就職者が職を得た東京都においては、一九六五年には五・五万人に達していたが、一九七〇年には三・四万人(一九六五年時の六二パーセント)、一九七五年には二万人(同、三七パーセント)と、全国平均以上に減少幅が大きかった〔『都立定時制高校の現状と課題』〕。

その要因として、全日制高校への進学率の上昇があったことは想像に難くない。全国の全日制進学率は一九六五年にはすでに六六・六パーセントであったが、七一年には八〇・八パーセント、七五年には八九・一パーセントに達した。都市部の勤労青年も少なくなった。東京都内の中学を卒業した就職者は、一九六五年に三万三六九〇人であったものが、一九七〇年には九六〇一人、他県中学卒業後、東京に就職した者は一九六五年に五万八一〇二人であったが、一九七〇年には一万七八二二人となっている〔同書〕。

これらも相俟って、高校生全体に占める定時制高校生の割合は、一九五五年で二〇・八パーセント、一九六〇年で一六・〇パーセントであったものが、一九六五年には一〇・一パーセント、一九七五年には五・六パーセントへと下降した(『学校基本調査』をもとに算出)。

全日制高校進学率の上昇の背後には、高度経済成長が円熟期を迎え、家計所得も全体的に上昇し、一定の教育費を賄える家庭が増えたことがあった。だが、そればかりではなく、産業界の技術進展により、高卒労働者が多く求められるようになったことも大きかった。経済成長が進むなか、企業は新技術や機械設備の導入を進め、生産性の向上をはかったが、そのためには新鋭設備を使いこなせるだけの素養や柔軟性が必要になる。高卒労働者が求められたのはその

の定時制進学状況(東京都)

年度								
1967	1968	1969	1970	1971	1972	1973	1974	1975
126,225	118,891	110,475	110,279	106,985	104,285	108,022	115,214	116,766
105,392	103,209	98,662	100,678	99,794	98,480	103,016	109,586	110,057
83.5	86.8	89.3	91.3	93.3	94.4	95.4	95.1	94.3
20,833	15,682	11,813	9,601	7,191	5,805	5,006	5,628	6,709
6,103	4,657	3,579	2,837	2,036	1,592	1,325	1,745	2,380
29.3	29.7	30.3	29.5	28.3	27.4	26.5	31.0	35.5
35,794	29,619	22,596	17,822	13,977	11,224	8,053	5,913	4,338
2,199	2,498	2,459	2,346	2,445	1,965	1,433	1,285	962
6.1	8.4	10.9	13.2	17.5	17.5	17.8	21.7	22.2
56,627	45,301	34,409	27,423	21,168	17,029	13,059	11,541	11,047
8,302	7,155	6,038	5,183	4,481	3,557	2,758	3,030	3,342
14.7	15.8	17.5	18.9	21.2	20.9	21.1	26.3	30.3

ゆえである。日本教職員組合(日教組)中央執行委員の坂牛哲郎は、その背景について、次のように語っていた。

たしかに現代の技術革新は、労働者の質を一変させている。昨日まで現場に君臨していた熟練工が、一変して今日は使いものにならなくなって、「せめて高校位卒業していたら」と歎息することになる。そして「子供には新しい時代に見合った教育を」と決意させている。勤労者の生活水準上昇によって高校教育進学率が上昇したのではなく、「社会的強制」とでも言おうか、「生きてゆくための必要」からなのである。

[「高校全入運動の背景と現状」]

表2-6　中学校新規卒業者

区分		1963	1964	1965	1966
都内中卒者	都内公立中学校卒業者(人)：A	187,826	168,141	165,378	141,377
	全日制(含高専)進学者(人)：B	142,483	131,139	131,688	114,253
	全日制進学率(%)(B／A×100)	75.9	78.0	79.6	80.8
	就職者等(人)(A−B)：C	45,343	37,002	33,690	27,124
	定時制進学者(人)：D	9,489	7,559	7,762	7,600
	定時制進学率(%)(D／C×100)	20.9	20.4	23.0	28.0
他県中卒都内就職者	都内就職者(人)：E	77,834	65,467	58,102	47,348
	定時制進学者(人)：F	3,194	3,544	3,590	2,549
	定時制進学率(%)(F／E×100)	4.1	5.4	6.2	5.4
合計	就職者等(人)(C+E)：G	123,177	102,469	91,792	74,472
	定時制進学者(人)(D+F)：H	12,683	11,103	11,352	10,149
	定時制進学率(%)(H／G×100)	10.3	10.8	12.4	13.6

製造現場の技術革新に伴い、経験とカンに頼る従来型の熟練工は求められなくなり、高卒学歴が「生きてゆくための必要」とみなされるようになっていた。このことが高校進学率の上昇を後押しした〔『集団就職の時代』〕。

もっとも、新規中卒就職者に占める定時制進学者の割合は増加傾向にあった。東京都内では、その比率が一九六五年には二二・四パーセントであったが、一九七〇年には一八・九パーセント、一九七五年には三〇・三パーセントとなった(表2―6)。単純労働を担う中卒労働者の獲得に苦戦した中小企業が、求人難打開の一環として、給与や待遇の改善とともに定時制進学を認めるようになったことが背景にあった。やや早い時期ではあるが、『朝日新聞』(一九六一年九月四日)では、築地食料品問屋同業会が翌春の中卒者採用に向けて定時制高校進学を支援し、求人難を打開しようとしていることが報じられている。だが、その比率の上昇は、分母となる新規中卒就職者が減少傾向にあったことが大きく関わっており、定時制進学者の数そのものが減少していたことは、前述のとおりである。

「全日制に行けない人が行くところ」

入試倍率も大きく低下した。東京都では、一九五六年度には〇・九四倍であったものが、六九年度には〇・三七倍、七二年度には〇・二一倍となった〔『読売新聞』都民版、一九五六年二月一二日、六九年二月七日、七二年二月二五日〕。もっとも、欠員補充と地方からの就職者への対応もあり、定時制高校は新年度に入ってからも募集を行っていたので、実際の志願者はそれよりも多かったが、志願者数の減少傾向は明らかである。

これに伴い、低学力層の割合が増えることは、避けられなかった。定時制高校教師であった清水勇によれば、新入生のあるクラスでは、英語に関して「中学三年まで一応、リーダーを終ったというもの」は一二パーセントに過ぎず、「三年のリーダーは殆んど手をつけなかった」「英語は全然やる気がなかったから何も覚えていない」という者は、それぞれ四割に達していた〔『定時制高校教育の現状』一九六八年〕。一九六二年一〇月に行われた文部省学力調査でも、全日制の数学の平均が四九・三点なのに対し、定時制は一九・七点にとどまっていた〔『朝日新聞』

一九六三年三月二二日」。前述のように、一九五六・五七年度の調査では、全日制三一・九点に対して定時制は一五・九点という結果であったことを考えれば、学力の開きがいっそう大きくなっていることがうかがえる(『定時制』)。

さらに、生徒のなかには、家計困難というよりは、全日制に合格できなかったがゆえに、定時制に入学した者もないではなかった。すでに一九五〇年代半ばにおいても、「現況の定時制には、[……]通常制[＝全日制]の入学に失敗後、二次志願して入学するものが相当の数に達している」ことが指摘されていたが(「定時制の問題点(その1)」)、全日制高校進学率が高まった六〇年代半ばにもなると、その傾向はいっそう顕著なものとなった。当時の『人生手帖』でも、「定時制とは全日制の入試に失敗した人や、不良学生の行く所だと思っていた」「私は定時制がいやだった。全日制の試験に受からなかった頭の悪い、不良っぽい者が入る所なのだ、などと思ったりしたことさえありました」といった記述がみられた(一九六五年一月号、一一月号)。

これはすなわち、「高校に進学しない要因」の変化によるものであった。当時はすでに、高校進学率が七割以上に達していただけに、全日制高校に進まない理由は多くの場合、家計が原因なのではなく、学力の問題とみなされていた。折しも、受験競争の激化が予想される団塊の世代(戦後のベビーブーム世代)の高校受験期に合わせるように、日教組や母親大会が高校全入運動を展開していた。そこでは、高校受験浪人をなくし、「進学希望者を全員入学させる」ことに重きが置かれていたわけだが、それはすなわち、進学の問題が家計の問題というより、学力や選抜の問題として捉えられるようになったことを示している。

教育社会学者・苅谷剛彦の指摘にもあるように、「社会の豊かさと教育の拡大は、能力以外の理由で上級学校に行けない人びとの数を少なく」した。そのことは、若年層のほぼ全員が受験競争に参加することと同義だった。彼らは高校入試という選抜システムを通して進路を振り分けられるようになり、その結果、教育の機会を生かせるかどうかは、「本人の努力や能力次第」という認識が一般化した『大衆教育社会のゆくえ』。定時制高校が、しばしば「全日制の試験に受からなかった頭の悪い、不良っぽい者が入る所」と見られていたことも、このことを暗示する。定時制高校は、義務教育終了後に働かざるを得ない勤労青年があえて学ぶために通う場というより、学力的に全日制の基準に達しなかった層が進む場と見なされつつあった。

むろん、一九六〇年代に入ってからも家庭の経済状況が原因で高校進学できないという話がなかったわけではない。だが、社会的には高校全入運動が盛り上がりを見せるほどに、全日制高校進学は自明視されつつあった。

そのためか、定時制高校生の勉学意欲の低下も、しばしば指摘されていた。生徒のなかには、授業日数の三分の一を欠席することを「当然の権利」のように考えて「先生あと何日休めますか」と質問する者や、面白いテレビ番組が重なっているときには欠席・早退する者もいたという［『定時制高校教育の現状』］。

こうしたなか定時制は、勤労青年が教養への憧れを託す場ではなくなった。かつて勤労青年たちは、進学組への鬱屈や企業・養成所の非デモクラティックな閉塞への反感を起点として、定時制高校に教養を求めようとした。それは、必ずしも高卒学歴を取得するためではなかった。転職や昇進、大学進学が容易ではないということもあったが、彼らはあくまで「豊かな教養を身につけることによって、人間形成を願」うという「自己完成のみを目的とした非実利的な動機」に突き動かされていた［『夜間中学・定時制高校の研究』］。しかし、両立による過労や劣悪な教学環境だけではなく、一九六〇年代以降、定時制高校が衰退していくなかで、彼らの教養への憧れは急速に冷まされていった。少なくとも、定時制はそれを受け止め得る場ではなくなった。高度経済成長の進展や「豊かさ」の広がりとは裏腹に、定時制高校の教養文化は退潮を迎えていたのである。

では、青年学級や定時制に通うことができなかった者、あるいはそれに飽き足らなかった者は、どのようにして「教養」に近づこうとしたのか。やや結論を先走れば、そこで手にされたのが「人生雑誌」であった。次章では、このことについて詳しく見ていくこととしたい。

第3章
人生雑誌の成立と変容
転覆戦略のメディア

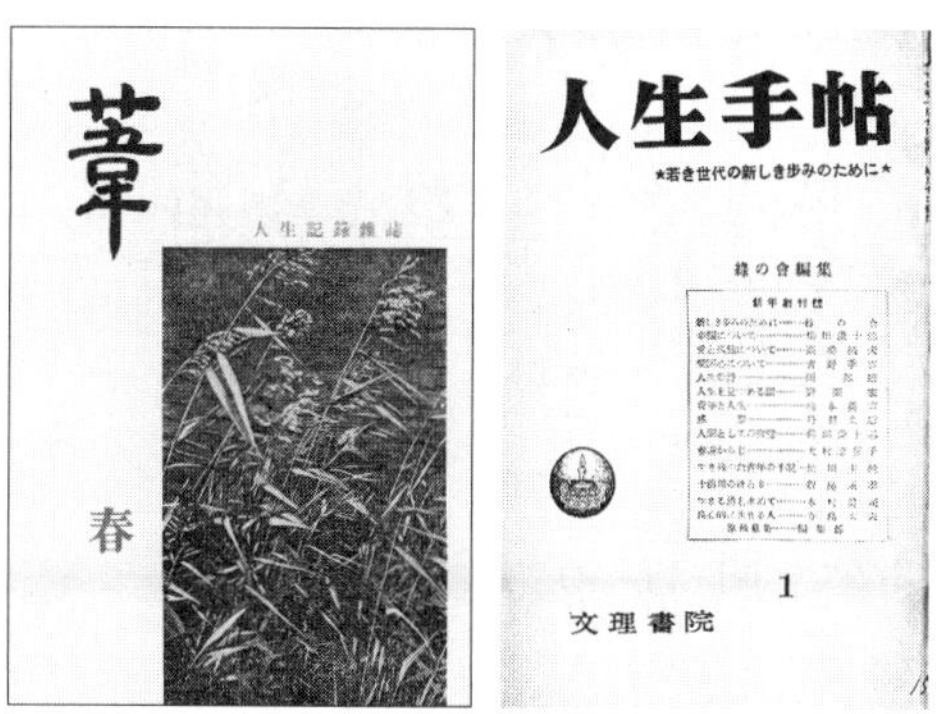

『葦』『人生手帖』創刊号表紙

1　大衆教養メディアと転覆戦略

人生雑誌の誕生

一九五〇年前後の時期に、「人生(記録)雑誌」と銘打った雑誌が相次いで創刊された。『葦』と『人生手帖』である。『葦』は、山本茂實が中心になって設立した葦会により、一九四九年一月に創刊された。山本はのちに『あゝ野麦峠』(一九六八年)を著したことで知られるが、当時は早稲田大学の聴講生として哲学を学ぶ青年であった。『人生手帖』は一九五二年一月に、文理書院の寺島文夫によって立ち上げられた。

両誌はいずれも、高校に進めなかった勤労青年たちを主たる読者とし、内省的な「生き方」を主題とした読者投稿が多く掲載されていた。『葦』(一九五一年初夏号)には、ある農村青年の手記が掲載されているが、そこではパール・バック『母の肖像』を引きながら、「「人間らしき人間になりたい」人生に漠然とながら、こうした目的を立てゝ若き現実を送つている」ことが綴られていた。『人生手帖』(一九五六年五月号)に寄せられた手記でも、生活の苦しさにふれながら、「どうして私達はこんなに苦しまねばならないか……? どうしたらもっと人間らしい生活ができるのか?」「今の虫ばまれている暮しを、ほんのちょっぴりでもよくする事が、そしてまた、そのために私達は今後どう生きていったらよいかということは、この生きた社会の中で学ぶことができるのです」と書かれていた。そのほかにも、「人生いきるに価するや」(『葦』一九五七年五月号)や「生きていくとうとさ」(『人生手帖』一九五五年九月号)といった特集がしばしば組まれていた。そこには、答えを出しがたい問いに向き合いながら、社会や「生」のありようについて思考しようとするさまが、鮮明に浮かび上がっていた。

知識人による論説も頻繁に掲載されていた。柳田謙十郎「現代の庶民主義」(『葦』一九五一年早春号)、出隆「なぜ観念論的に考えるのか?」(『葦』一九五三年一二月号)、小田切秀雄「文学の理解のために」(『人生手帖』一九五三年七月号)、真下信一「友情へのよびかけ」(『人生手帖』一九六〇年四月号)など、哲学や文学に関するものが多く見られた。

文献紹介も積極的になされていた。『葦』(一九五三年春季特大号)では、アンネ・フランク『アンネの日記』(文藝春秋新社)やプロレタリア作家・黒島伝治の『渦巻ける烏の群』(岩波文庫)、第二次大戦期のフランス史を背景にレジスタンスを論じたC・モルガン『世界の重み』(岩波現代叢書)などが、「新刊図書室」欄で紹介されていた。一九五八年七月号からは「世界名作紹介」が連載され、カミュ『異邦人』やサルトル『自由への道』といった西洋文学・哲学が取り上げられた。『人生手帖』でも、「若い諸君に読んでいただきたい本」として聖書や西洋史の書物が、しばしば紹介されていた(一九五三年七月号ほか)。

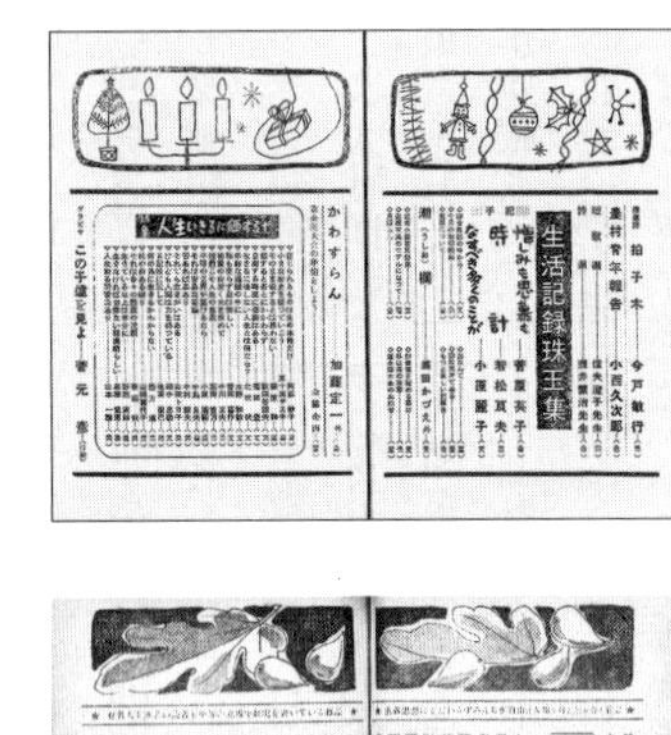

図3-1 『葦』1957年5月号(上)・『人生手帖』1955年9月号(下)の目次

その意味で、人生雑誌は明らかに教養主義的なメディアであった。読者たちは学歴とは無縁な勤労青年たちであったが、人文系の知を吸収しながら人格を陶冶し、「真実の生き方」を模索しようとする姿勢が色濃く見られた。たとえば、『葦』(一九五四年七月号)の手記「らくがき——逃避からの終止符的覚え書」では、ロマン・ロランやスピノザ、ヘルマン・ヘッセ、阿部次郎など、古今東西の哲学者・文学者の言葉を引きながら、「真実ということ」「己れを知るということ」などをめぐる思いが綴られていた。『人生手帖』(一九五三年二月号)に収められた二〇歳の工員の手記「生きる道は厳しく」でも、自らの生活苦を綴りながら、「トルストイやアウグスチヌスの宗教的境地にもはいってゆけない若さ」に言及されていた。

必然的に、両誌の執筆者はしばしば重なっていた。西田幾多郎門下の著名な哲学者であった柳田謙十郎は『葦』の主要執筆者の一人であったが、『人生手帖』が創刊されると、同誌にも毎号のように執筆した。『人生手帖』を主宰した寺島文夫も、『葦』(一九五一年春号)に「自由とは何か」を寄稿している。さらに言えば、草創期の『葦』において編集実務を担った大和岩雄(おおわ)は、『人生手帖』の創刊にも携わっていた。両誌は重なり合いながら、勤労青年向けの教養文化の下支えをめざしていたのである。

「実利」の忌避

人生雑誌の教養主義は、明らかに青年団・青年学級や定時制に通じるものがあった。既述のように、青年団・青年学級では、ともすれば実利に直結しない人文社会系の教養が取り上げられていた。定時制でも、学歴取得や就職・昇進を度外視した教養を求める層が少なくなかった。人生雑誌でも、同様のことが強調されていた。『人生手帖』(一九五八年二月号)の座談会「学歴と勉強について」では、中学卒の印刷工の青年が「勉強をするということは、仕事の方面で技術をのばすことだけかと言うと、そうじゃないんだ」「自分の仕事以外に社会的な視野を広めたり、物事を知っておくというのもやはり勉強といえるな」と語っていた。「組合のことやなんかをきかれる」にあたり、社会科学的な素養が不可欠であると思い至ったという。

『葦』(一九五五年五月号)に掲載された論説「工場で働く若い友への返信」では、「夜学でもいいから大学へはいりたい」という「若い友」に厳しい批判が向けられていた。現在の「靴工場で靴の底を叩く仕事」をやめて「弁護士になりたい」という願望が、世俗的な立身出世欲でしかないというのが、その理由だった。「四人の弟妹は空腹を抱えて、貧しげに寝てい」るほどの困窮にあっても、実利のための勉学ではなく、「人生とは何か、学問とは何か、社会とは何か」といった「真理を探究」すべきことが、そこでは強調されていた。

とはいえ、人生雑誌の読者たちも、内心では「実利のための勉強」を模索しなかったわけではない。『人生手帖』(一九五九年二月号)には通信講座の広告が掲載されているが、そこには文芸講座のほか、ラジオ技術や速記の講座などが紹介されていた。ラジオ製作講座は、技術を身につけ、電気店・ラジオ修理店を開業することに直結しただけに、当時人気が高かった[『「聖戦」の残像』]。速記講座にしても、「人生」「生き方」といった内省につながるというよりは、明らかに職業技術に結びついていた。これらの通信講座の広告が掲載されていることは、人生雑誌の読者が「実利のための勉強」を一面では望んでいたことを暗示していた。

しかし、それを表立って語ることは、誌面では憚られた。人生雑誌を通して知や教養にふれ、「生き方」を模索することは、あくまで人格陶冶や真理の探究をめざすものであり、世俗的な実利を目的とすべきではない。そういう規範が、そこには浮かび上がっていた。

社会批判への関心

その一方で、人生雑誌には、内省的な主題ばかりではなく、社会や政治への批判的な関心も多く見られた。『葦』(一九五〇年秋号)には、朝鮮戦争の勃発を念頭に置いた柳田謙十郎「わだつみの声と平和の問題」が掲載されたほか、サンフランシスコ講和条約の締結を背景に、『葦』(一九五一年晩秋号)では「講和会議をめぐって」と題した特集が組まれている。『人生手帖』でも、沖縄の土地闘争(「島ぐるみ闘争」)を扱った「燃えたぎる沖縄の心」(一九五六年九月号)など、政治問題を扱った特集がしばしば組まれた。

そのスタンスは、明らかに左派寄りであった。『葦』(一九五二年夏号)には、ロシア文学者の松尾隆(早稲田大学教授)の論説「弁証法講座(二) 続宗教について」が掲載されているが、そこでは「「共産主義者は人間の模範である」という、レーニン・スターリンの言葉をお互に銘記しようではありませんか」と綴られていた。『人生手帖』(一九六〇年五月号)には、戦後、反戦運動に力を入れた元陸軍中将・遠藤三郎の論説「真に日本を愛する道」が掲載されているが、そこでは、「「反共の再軍備」が決して愛国の道ではないことを、「反共」のための軍人として生涯の大部分を生きてきた反省から、私は断言します」「軍備を撤廃して平和主義に徹することが真にわが祖国日本を愛する道であることを、固く信ずるものであります」と書かれていた。

とはいえ、最も多く見られた社会批判の主題は、労働環境の問題であった。『人生手帖』(一九五三年二月号)の読者投稿には、「労働基準法では、禁止されている十八才以下の少年を、十五時間も働かせているのです。生きる為には、肉体的、精神的に無理をしても、働かねばならないのです。これでよいのでしょうか」という記述がある。また、『人生手帖』(一九五六年一〇月号)では、住込みで働いている女子従業員がその労働環境の問題を綴っていた。その手記によれば、雇用主が従業員のプライバシーを徹底的に管理し、「怪しい手紙は開封する事になっている」として、筆者あてに届いた手紙が「四十人の前で読み上げられた」という。筆者は「云いしれぬ憎しみと悔しさで思わず泣いてしまった」ものの、その手記の末尾には、「だが、その不満を云ったらどうなるだろう? 「よろしい、明日から帰って下さい」と残酷な言葉である」と綴っていた。労働環境のやるせなさが浮かび上がる。

大企業労働者と中小企業労働者との格差についても、批判的な言及が多く見られた。『葦』(一九五四年春号)の「経済学講座　中小企業労働者の生きる道」では、「じぶんは中小企業にやとわれている労働者であるが、中小企業はいま破産にひんしているため、大企業の労働者たちのように賃上斗争をやることはできない。もしも生活するのに十分な賃金を要求し、斗争によってこれを獲得したとすれば、会社そのものはたちまちつぶれてしまうだろう。いったいわれわれは、どうすればよいのか」といった読者からの問い合わせの多さに言及されていた。

そして、ここにも教養主義との近接性が透けて見える。大正期の教養主義は、政治から距離をとり、内省的な思惟に特化する傾向があったが、大正末期以降になると、労働運動の頻発も相俟って、マルクス主義や社会民主主義に根差した社会改良志向が、読書や人格陶冶に結びつけられるようになった。社会を良くするために書を読み、人格を磨かねばならない」という規範である。「エリートたる者、河合栄治郎「学生叢書」が広く読まれた昭和教養主義は、その典型だった。戦後の大学キャンパスでも、こうした動きは広く見られたが、人生雑誌もそれに重なるところがあった。『葦』『人生手帖』が、「生き方」を主題としながらも、再軍備問題、労働問題といった社会批判を扱ったのは、社会改良と結びついた教養主義のゆえであった。

こうした問題関心は、青年団・青年学級や定時制といくらか重なっていた。青年団や青年学級で二三男問題や嫁姑問題、農村改良が論じられた際には、「農村という社会」の構造への問題意識が見られた。市や県の連合青年団では、警職法問題や六〇年安保など、農村には直結しない社会問題への関心も色濃く見られ、しばしば左派的な色彩も帯びていた。定時制にしても、非デモクラティックな大企業組織への違和感であったり、中小企業の労働環境の劣悪さが、社会科などへの興味につながっていた。その意味で、人生雑誌の大衆教養主義には、青年団や定時制に通底するものがあった。

進学組への鬱屈

その背後に進学組への強烈な鬱屈があった点も、青年団・青年学級や定時制に共通していた。

『人生手帖』(一九五六年九月号)には、「ただ無茶苦茶に[高校に]行きたかった」が、家庭の事情で「もう三年高校に行かせてくれ」と言えずに進学を断念した青年の手記が掲載されていた。『葦』(一九五五年一一月号)には、「学校へ行きたいと思う心がどんなに強くても、家人の反対で夜学にも行け」なかった読者が投稿していたが、そこでは、「何て不合理な世の中なんだろう、どうしてうまい具合にいかないいんだろうか」という思いに苛まれていたこととともに、その後「読書が何よりの勉強で、読書する事によつて、学校では学べない事迄、はつきり知る事が出来るようになつた」ことが綴られていた。

全日制高校はむろんのこと、定時制高校にも家計や勤務の都合で通えない勤労青年は少なくなかった。彼らの多くは、言葉にし難い煩悶や鬱屈を抱きがちだった。前章でもふれたように、中学のなかで就職組が排除され、進学組との根深い軋轢が生じていたことを考えれば、それも当然のことであった。彼らが人生雑誌を手にするなどして読書や教養にふれることは、上級学校に進めなかった鬱屈を、いくらかなりとも和らげるものであった。

こうした思いは読者だけではなく、編集者にも共有されていた。草創期の『葦』『人生手帖』の編集を手掛け、のちに大和書房を立ち上げる大和岩雄は、当時の思いをこう綴っている。

> 僕が雑誌をつくっていたときの気持、それは、小学生のとき、進学組と就職組に、ただ

家が貧しいからというそれだけの理由で分けられ、差別されたくやしい思いを、進学組の連中にはわからないだろうが、わかる連中に、ぶちまけた。それが「葦」であり、「人生手帖」であり、「青春の手帖」[＝一九六〇年創刊の人生雑誌]だった。これらの雑誌は、書き手も就職組、読み手も就職組、そして編集者も就職組なのだ。[『大和書房三十年のあゆみ』]

一九二八年生まれの大和岩雄は、家が貧しかったために、旧制中学に進むことができず、高等小学校卒業後、三菱重工業発動機製作所に就職し、旋盤工として勤務することになっていた。その直前になって、小学校教師の助言で、授業料が必要ない長野師範学校予科に進むことになったが、旧制高校・大学につながる旧制中学に進めず、何の興味もない教員養成の学校に進まざるを得なかったことは、大和にとって理不尽さを感じさせるものでしかなかった。大和が人生雑誌を手掛けた背景には、こうした思いがあった。そして、その「小学生のとき、進学組と就職組に、ただ家が貧しいからというそれだけの理由で分けられ、差別されたくやしい思い」は、一九五〇年代の就職組の読者にも通じていた。

図 3-2　大和岩雄(1955 年)

創業者も就職組

さらに言えば、それは創業者にも共通していた。『人生手帖』を刊行する文理書院を戦後に立ち上げ、大和の退社後、同誌の主幹を務めた寺島文夫(一九一〇年生まれ)も、クラスで一番の成績でありながら家計困難のゆえに高等小学校より上に進むことができず、悶々とした青少年期を過ごした。その思いを寺島は、後年に以下のように綴っていた。

いくら貧乏人の子だって学課では負けないぞ……私の階級意識はそんな形で目ざめた。六年の卒業式の時には、彼女[=寺島家の本家の女子生徒]は女子の一番であり、[分家の]私は男子の首席であった。しかし彼女は、女学校へ汽車で通学できる身分になり、私たちは相かわらず古い小学校の一室で、一年と二年が合併授業を受ける高等科でがまんしなければならないのは残念でしかたがなかった。[『学歴なし』]

その後、上京して夜学に通うも肺病のために挫折した寺島は、文学や哲学を読みふけるようになり、プロレタリア文学にも接近した。これらの体験や屈折が人生雑誌の創刊につながった。『葦』を立ち上げた山本茂實は、さらに強烈な思いを抱いていた。一九一七年に長野県今井村(現・松本市)の農家の長男として生まれた山本は、学業はきわめて優秀でありながら、父母の病や死が重なったうえに、膨大な借財も残されたため、進学の夢は叶わなかった。酒や煙草、映画などの娯楽にふれることなく、「松本の街へ毎日肥桶をつけて人糞を汲み、帰つて来れば荷車へ野菜物をつけて松本の街を十五の歳からほとんど毎日売り歩」く生活を送らざるを得なかった。[『救われざるの記』]。

こうした努力の積み重ねにより、借金は七年で返済を終えたが、それで煩悶や屈折が薄れることはなかった。山本は、「借金を返して、金を貯めたら学校へ行こう、そうだ金を貯めて学校へ行くんだ」という「唯その念願の為にのみ、子供の時から生きて来た」ことを、『救われざるの記』(一九五二年)で回想している。当然ながら、高等小学校の卒業式は、「くやし涙で小学校を去ったあの怨み多き日」でしかなかった[同書]。

図 3-3　寺島文夫(1957 年)

ちなみに、高等小学校を卒業して間もなく、山本は早朝に下肥を汲み取り、運び出そうとしたところ、誤って肥桶を倒し、道路に撒き散らしたことがあった。周囲には強烈な悪臭が漂い、それを一人で洗い流さねばならなかった。市中心部近くだっただけに、商店関係者のみならず中等学校、高等女学校の生徒も多く通学していた。人々は悪臭に鼻をつまみながら、山本を遠巻きに囲み、嘲笑や罵声を浴びせた。一、二年前に小学校で席を並べた生徒も混じっていたことは、想像に難くない。その体験は「なんで一番勉強のできたおれが百姓で、ほかの者が進学しているんだ」という思いを、さらに根強いものにした。山本は後年になっても、この話をするたびに悔し涙を浮かべたという(『「あゝ野麦峠」と山本茂実』)。

もっとも、その思いは、中学へ進学した者にひけをとらない優等生になるべく、自らを駆り立てることにつながった。

図 3-4　山本茂實(1955 年)

高等小学校卒業後、山本は松本青年訓練所(のちに松本青年学校)に計七年間通った。山本はそこでも優秀な成績を収め、なかでも文学や哲学につよい関心を抱いた。徴兵されると、山本は近衛師団に入隊し、一年で伍長勤務上等兵に昇進するなど、軍務でも抜群の成績を収めた。

しかし、中国戦線に出征中に結核を罹患して除隊すると、生死をめぐる煩悶を抱えながら文学・哲学・思想方面の読書にいそしみ、同年代の入院患者たちと議論をぶつけ合った。第1章でも述べたように、山本は戦争末期に松本青年学校の代用教員を務め、戦後、市立神田塾を立ち上げたが、これら人文系の読書と討議の場への関心は、上級学校に進めなかった青少年期の鬱屈に端を発していた。一九四七年に上京して早稲田大学の聴講生となり、そのかたわら、

『葦』を創刊したのも、こうした思いの延長にあるものであった。

想像の読者共同体

だが、人生雑誌と青年団・青年学級・定時制とのあいだには、明らかな相違も見られた。それは、人生雑誌が物理的に集う場ではなかったことである。青年団や青年学級、定時制はいずれも、勤労青年たちが対面で集い、対話や議論が交わされる場であった。しかし、人生雑誌はあくまで雑誌メディアであり、対面で勤労青年が集うものではなかった。

とはいえ、定時制や青年学級に通えない青年にしてみれば、人生雑誌こそが教養にふれることができるほぼ唯一の場であった。経済的な問題だけでなく、時間的・地理的な制約により、定時制に通える勤労青年は限られていた。農村の青年団・青年学級にしても、「アカになる」「夜遅くに娘が出歩くものではない」として親が参加を認めないことも少なくなかった。それに対し、『葦』や『人生手帖』はあくまで雑誌メディアであったがゆえに、これらの制約を超えて人々が手にすることが可能だった。雑誌は全国各地の書店で購入するなり、定期購読をするなりして入手することができるので、地理的な制約を受けることはない。また、雑誌さえ手元にあれば、仕事の休憩時間や終業後に読むことができ、時間的な制約もさして受けることはない。

先にもふれたように、『葦』(一九五五年一一月号)の読者投稿では、高校に進めずに「何て不合理な世の中なんだろう、どうしてうまい具合にいかないんだろうか」という思いにふさぎ込んでいた勤労青年が、「読書する事によつて、学校では学べない事迄、はつきり知る事が出来るようにな」り、さらに「学校へ行かなくともと自信を持つ様にな」ったことを記していた。それは同様の境遇にある勤労青年たちにとって、人生雑誌が「学ぶ場」の代替になっていることを示していた。別のある読者は「新制中学しか出ていないので学校に行きたいが、酒屋という商売は忙しくて[……]まとまった時間がもらえないので、夜学にも通えず困っている」ことを吐露していたが[『葦』一九五五年五月号]、生き方から文学、哲学、社会問題までをも広く扱う人生雑誌は、彼らにとって「誌面の形をとった夜学」ともいうべきものであった。人生雑誌の読後感を綴った次の文章は、そのことを示唆している。

生きる喜びもたのしみもなく毎日を過しておりましたところ、『人生手帖』を知り、いくじのない私でしたが、何度も何度も読みかえすうちに、どうしたら生甲斐ある生活が出来るか、わかるようになり、生きていてよかつた、と思うようになりました。[『人生手帖』一九五三年二月号]

そのことは、対面状況の制約を超えた、見知らぬ者どうしのコミュニケーションを促すことにつながった。朝六時半から夜一一時まで労働を課されていた果物店の住込店員は、「人生雑誌を手にしたときの気持」にふれながら、以下のように語っていた。

読んでいるうちに、ぼくのような環境にいて、悩んでいるのは自分一人じゃないのだ。同じような生活に苦しんでるひとがこの世の中には大勢いるんだということがはじめてわかりました。まるで自分のことを書かれているんじゃないかと思ったくらいでした。もちろん、よく読んでみると、お互いに悩みを告白しあってるだけで、いますぐどうこうという解決法は何も示されていません。わたしの置かれている条件は相変わらず前と同じですが、ぼくは一人じゃない、という勇気と、みんなが誌上ではげましあうことによって、苦しい毎日がいくらかでもちがってくるんじゃないか、という気持もわいてきました。

〔『週刊朝日』一九五五年七月一七日号〕

そこに透けて見えるのは、雑誌を媒介としながら、見えない読者どうしが「誌上ではげましあう」状況である。そこでは直接的な対面コミュニケーションが成立しているわけではないが、「悩んでいるのは自分一人じゃない」ことが感知され、「同じような生活に苦しんでるひとがこの世の中には大勢いるんだということ」が可視化されている。これは何もこの読者に限るものではない。交換手を務める別の読者も、『葦』について「私はその中に幾多の私の友を見出す事ができます」「私の知らなかつた人生の断面を教えてくれる事が多いのです」と綴っている［『葦』一九五四年九月号］。「生き方」を扱う人生雑誌は、誌面の先に透けて見える「想像の共同体」を読者たちに感知させ、自らもその一員であることを実感させていた。

読者たちの「想像の共同体」は、一時的に成立するだけのものでもなかった。雑誌は定期刊行されるだけに、「想像の共同体」は持続性を帯びたものとして認識される。ある読者は、『葦』(一九五四年二月号)に寄せた短文のなかで「葦会の皆さん、毎月皆さんの元気なお姿をこの本によつて伺い、読書会員の一人として嬉しく思います」と綴っていた。毎月の雑誌購読を通して、読者たちは「想像の共同体」の存在を継続的に感じ取っていたのである。

もっとも、『葦』や『人生手帖』には全国各地に読者サークルも自生的に創られていた。前者は葦会、後者は緑の会と称され、雑誌の輪読・合評を手掛かりに、地域の読者が集まり、読書会からハイキングまで、さまざまな人的交流が行われていた。しかし、読書サークルに参加した読者は、ごく一部でしかなかった。近隣に読者サークルが見当たらなかったり、勤務の都合等で時間的に参加できないことも少なくなかった。人間関係の軋轢で自然消滅することも、決して珍しくはなかった。人生雑誌は、そうした地理的・時間的制約を抱えた読者たちをもつなぐメディアとして機能していた。

転覆戦略

人生雑誌が教養メディアであったことは、知的関心が低い層との差異化をはかることにもつながった。人生雑誌の好調を特集した『週刊朝日』(一九五五年七月一七日号)は、その背景として「順調なコースを歩む若者や、マンボにうつつをぬかす連中とは違った〝第三の若者〟ともいうべき一群があって、何ものかを求めている」ことを指摘していた。人生雑誌の読者たちは、たしかに「順調なコース」を歩む進学組とは異なっていたが、かといって「マンボにうつつをぬかす連中」とも異質だった。裏を返せば、人生雑誌を手に取ることは、「たとえ同じ中卒学歴であっても、自分たちは娯楽や遊興に耽溺するような層とは異なる」という自己認識を、読者たちに植え付けた。以下の読者の記述は、そのことを物語っている。

友は私が『葦』を読んでいるのを見て、「貴女は私達と違つてレベルが高いから、少女雑誌なんて読まないのね、そんなむづかしい本読んで面白いの?」なんていゝました。私はそんな時、だまつていました。私の心がわかつてくれないような気がして。でも私は、少女小説なんてウソばかり書いてあるように思われ、好きになれないのです。真実のあふ

れた本。真実にそくした生活――それを私はのぞんでいるのです。［『葦』一九五二年夏号］

「少女小説」のような娯楽に耽溺する友人への反感には、「心の迷い」「真実にそくした生活」に向き合おうとする自負が透けて見える。

ただ、そればかりではなく、人生雑誌には進学組に対する転覆戦略も色濃く見られた。前述のように、人生雑誌では「実利のための勉学」の忌避が強調されていたが、そこには暗に進学組への優位を模索する意図も垣間見られた。進学組は相対的に高い社会的地位の獲得を見込むことができたわけだが、そのゆえに彼らは大学入試や就職といった実利のための勉強に齷齪(あくせく)せねばならなかった。それは「ガリ勉」のスタイルでしかない。山本茂實は、こうした勉学を「自分を偉そうにみせる手段」に過ぎないものとして嫌悪していた。山本は座談会「『葦』創刊頃の思い出を語る」（『葦』一九五二年別冊特集号）のなかで、人生雑誌の読者に求められるべきは、「如何に自分を裸にして自分を見つめるか」「自分の表面的なプライドではなくて、最後まで高ぶるまい、偉ぶるまいという勉強」であることを強調していた。それは、「自己の本来のものを深めてゆく」ことであり「自分を掘り下げて行く文学的態度と通ずる」ものであった。

『葦』の姉妹誌『雑草』（一九五四年七月号）にも、「実際の学校の目的は就職進学に有利な為に入るのだと云えそうな状態だ。勉学は真理追求という言葉の下に良い成績を得る為のものに変わりそうだ」と記した投書が掲載されている。そこで浮かび上がるのは、「就職進学に有利な為」の勉学のいかがわしさと、それに拘泥しない就職組の教養の崇高さだった。実利の忌避を強調することは、進学組への優位を語ろうとする就職組の欲求と表裏一体であった。

とはいえ、学歴や実利への忌避感がことさらに強調される背後には、学歴への憧憬があったことも否めない。『人生手帖』(一九六一年九月号)の「人生相談」欄では、「形式的な学歴にこだわる世間の人の軽はずみな話にまどわされて迷っているのは、『人生手帖』の読者らしくない考え方ですね」という記述があるにもかかわらず、発行元の文理書院が『人生手帖』をはじめ「働く青年男女が大学程度の知識と教養をわかりやすく学習できる本」を刊行していることが強調されていた。実際に、『人生手帖』誌上の文理書院の書籍広告では、一九六一年ごろから「働く青年が大学程度の「社会科学」の基礎知識を学習できる入門書!」というコピーが付されるようになった。そこには、高等教育の学歴への憧れをうかがうことができる。

求道的な「生き方」「教養」への志向をもって進学組への優位がことさらに叫ばれた背後には、進学組への鬱屈と憧憬が、分かちがたく絡まっていたのである。

「査読」の存在

読者の自負や優越感が掻き立てられるうえでは、人生雑誌における「査読」の機能も大きかった。人生雑誌には読者の手記や創作（小説・詩・俳句・短歌など）が多く掲載されていたが、言うまでもなく、投稿されたもののすべてが掲載されたわけではなかった。長文の手記や雑記の場合で、掲載倍率は三〇倍から五〇倍、二〇〇字程度の短文投稿欄に至っては一〇〇倍に及んでいた〔『「働く青年」と教養の戦後史』〕。寺島文夫は読者にむけて、「ページ数に限りがあるために採用数に限りがあるのはやむをえないし、また、書き方があまりに未熟なものは、そうであるが故に価値がないとも評価されるのですから、皆さんの精進をねが」っていることを記していたが、そこにも掲載倍率の高さがうかがえる〔『人生手帖』一九六九年二月号〕。

誌面には選評のほか、「文章作法」「文章の書き方講座」といった欄もしばしば設けられた。これらは、投稿を考える読者たちからすれば、「査読」の基準を示したものにほかならなかった。人生雑誌では、決して名文・美文が求められたわけではないが、市販の商業誌である以上、平易ながらも読み手に響く文章が求められたのは当然のことであった。

必然的に、人生雑誌に掲載されることは、優越感をもたらした。かつて手記が掲載された読者は、「自分の文章がそのまま活字となって、記載されているのを見た時は実に嬉しかった」「生まれて始めて、自分の作品が、名前が活字になった。僕は思わずバンザイを叫んだ。あの時の感激は、いまだに忘れることができない」と語っていた〔『人生手帖』一九六二年四月号、六七年一〇月号〕。自らの文章が人生雑誌に掲載されることは、相当の選抜を経て、編集部に認められたことを意味していた。それは必然的に、書き手に優越感をもたらした。書き手は、査読を通して承認された自らの「生き方」「教養」に自負を抱くことができ、「学歴がないこと」の劣等感をいくらかなりとも和らげることができた。そもそも、市販の商業誌に自分の文章が掲載されることは、一般の高校生はむろんのこと、大学生でも決して容易ではなかった。それを考えれば、勤労青年がそこで得られる自負の大きさを想像できよう。

人生雑誌の投稿者のなかには、文芸の世界で生きるようになった者もいた。『葦』に自伝的小説「優曇華(うどんげ)の花」(のちの『下町の故郷』)を発表したことを契機に、『ハモニカ工場』(一九五六年)や『東京大空襲』(一九七一年)などの作品を次々に発表した作家・早乙女勝元は、その代表的な存在である。のちに新俳句人連盟副会長の重職にも就いた俳人・望月たけしも、もともとは『人生手帖』への常連投稿者であった。むろん、彼らのように文芸の世界で名を成すことは容易ではなかったが、少なくとも読者にとって、彼らの経歴は、投稿の先に文芸の世界に進み、文化人となるかすかな可能性を感じさせるものだった。

とはいえ、人生雑誌の読者のなかで、実際に投稿し、掲載にまで至ったのは、あくまでごく一部に過ぎなかった。しかし、一般の読者たちも、手記が掲載された勤労青年たちと同様の境遇にあり、彼ら自身も投稿を考えなかったわけでもないだろう。だとすれば、彼らにとって掲載された書き手は遠い存在ではなく、むしろ、自分たちと同一視できる存在だったのではないだろうか。人生雑誌は、査読を伴っていたがゆえに、読者たちの鬱屈の緩和や、優位性の欲求を満たすことができ、また、こうした勤労青年に人生雑誌は支えられていたのである。

青年学級・定時制との相違

そこにも、人生雑誌と青年団・青年学級・定時制の相違を見ることができよう。青年団や青年学級、定時制は、進学組に少しでも近づこうとする心性に根差してはいたが、人生雑誌とは異なり、進学組への優位や自負までをも感じさせるものではなかった。少なくとも、青年団・青年学級や定時制をめぐる言説には、進学組への優位を語るものはあまり見られない。

ひとつには、定時制や青年学級の場合、どうしても全日制高校との差が意識されやすいことがあった。前述のように、定時制高校の平均学力が全日制高校のそれを下回ることは広く知られていたし、全日制不合格者の受け皿として機能していたことも、しばしばであった。設備や教員配置の面でも、定時制は全日制の「間借り」のような位置づけだった。

青年学級にしても、「教養」的な内容も扱われたとはいえ、高等学校教育に比べれば、教科内容はごく一部に過ぎず、中学の補習教育もしばしば見られた。小中学教師による授業が多かったことも、中学教育の域を大きく出ていない印象を学級生たちに与えることとなった。文学書に関心を抱くような優秀層もいた一方で、学力の面で高校に進めなかったがゆえに青年学級に通う層も見られた。青年団の文化活動も、こうした青年学級にしばしば代替されていたことは、第1章でも述べたとおりである。

だとすれば、そこで扱われる知や勉学が全日制の劣位にあるように見えてしまうのは、避けがたかった。それらはたしかに、全日制高校に進めなかった就職組の青年たちにとって、教養をもたらしてくれる場ではあったが、進学組への優位までをも感じさせるものではなかった。

それに対して人生雑誌は、読者に進学組への優位を感知させた。「査読」があったことが「進学組にまさるとも劣らない」という自負を生み出していたが、そればかりではない。誌面では読者の手記に加えて、文学・哲学・思想・社会科学に関する知識人の論説も多く扱われていた。「働く青年男女が大学程度の知識と教養をわかりやすく学習できる」ことが示唆されたのも、あながち誇張ではなかった。読者たちがどれほど資本論や西洋文学の解説を理解していたのかはさておき、「大学程度の知識と教養」にふれている感覚を共有することはできた。

さらに言えば、人生雑誌には読者の学力を測るものがなかったことも大きかった。前述のように、定時制生徒や青年学級生の基礎学力の不足は、全国学力調査や担当教師を通じて、たびたび指摘されていた。しかし、人生雑誌はあくまで雑誌メディアなので、じっさいの読者の知識量や学力を測ることはなかった。かりに学力に不十分な点があっても、それが可視化されない状況にあったのである。

もっとも、人生雑誌の読者の知識量や基礎学力は、それなりに高かったものと思われる。抽象度の高い知識人の論説も少なくはなかったし、読者の手記・創作も原稿用紙換算で七〇枚に及ぶものがしばしば見られた。そこで頻繁に文学者や哲学者、思想家の議論が引かれていたことを考えると、多くの読者は、一定の読書量と基礎学力を有していたことが推測される。

そのゆえに、青年学級や定時制とは異なり、人生雑誌では進学組への優位がたびたび語られていた。むろん、そこで進学組への羨望や鬱屈が表裏一体になっていたのは前述のとおりである。人生雑誌では「実利を超越した教養」が多く論じられたが、そこには「実利に齷齪する進学組」に優位したいというつよい願望が込められていた。人生雑誌は、進学組への転覆戦略が込められたメディアであった。

反知性主義的知性主義

進学組と就職組のヒエラルヒーを反転させようとする志向は、しばしば知識人批判にも結び付いた。山本茂實は「知識人の特権意識と庶民社会への反省」(『葦』一九五一年早春号)のなかで、「インテリーこそ先づ前時代的な古めかしい特権意識を捨てなくてはならない。そしてもつと謙虚に民衆の前に膝まづかなくてはならないのである」「単なる書斎と文献とから生れた抽象的な観念的な存在であつてはならない」と記していた。また、ある勤労青年も同号に寄せた手記のなかで、「自己の栄達を大衆の犠牲に於て行つて来たインテリゲンチヤの利己主義と徹底した民衆の侮蔑」について、批判的に論じていた。

だが、繰り返し述べてきたように、人生雑誌には知識人の論説が多く掲載され、知への憧れや知識人との親和性は際立っていた。では、知への憧れと知識人批判は、いかにして両立できたのか。そこにあったのは、知識人が専有する知を奪取しようとする欲求であった。『人生手帖』（一九五八年五月号）に掲載された読者投稿には、以下のような記述がある。

僕は「下の方の人間」です。一年前に徒弟生活から抜け出て、やっと社会問題に関心をもちはじめたばかりで、進歩的な人々のように階級的な理論と実践できたえられているわけではありません。学力もおとっていますが、今日の社会の階級性が憎いと思います。しかし、進歩的な人々が自分たちだけでわかるような話ばかりしていると、その人々に「我々のところまで降りてきて話してくれとお願いしたい」といいたいのです。進歩的な人々と、そうでない人々とのギャップ（溝）をどうしたらうずめるかを考えてくれないと、進歩的な人々との心の結びつきもできず、ブルジョア階級と同じように、われわれにはついていけないもう一つの階級みたいにも感じさせてしまうと思うのです。

この文章は直接的には、投稿者が出入りしている読書サークルにおける「進歩的な人々」と「下の方の人間」の軋轢を論じたものであるが、同時に、読者たちの知識人に対する感情をも物語っている。「ブルジョア階級批判」を論じる進歩的知識人は、その言葉遣いの難解さのゆえに、「われわれにはついていけないもう一つの階級」を構成する。そのことへの反感が如実に綴られていた。だが、見方を変えればそれは、知識人（「進歩的な人々」）によって独占される知を開放し、大衆層（「下の方の人間」）がそれを手にすることによって、自ら「今日の社会の階級性」を問い直そうとするものでもあった。一見相反する知識人批判と知や知識人への憧れが両立し得たのも、こうした論理によるものであった。

山本も、一九五二年の講演のなかで、かつて「信州の百姓青年」だったころに、「おれ達にもつともつとわかるようなやさしい綜合雑誌が欲しいなア」と常々考えていたことを語っている（「潮の発刊について」）。知へのつよい憧れの延長で、知が知識人たちに専有されることを拒む心性を読み取ることができる。

そこには、「反知性主義的知性主義」（『「働く青年」と教養の戦後史』）を見出すことができよう。知識階級への憎悪（反知性主義）を抱きつつ、知や教養、さらには知識人への憧憬（知性主義）が並存する状況は、一見、矛盾含みのものではある。しかし、微細に見てみると、両者の間には順接の関係性を見出すことができる。高等教育を受けられなかったにもかかわらず、知や教養に憧れを抱くことは、必然的に知識人層によって知が独占されることへの反感を生む。その心性は、知識人とも対等であろうとする平等主義的な価値観に支えられていた。人生雑誌は、こうした反知性主義的知性主義に根ざすものであった。

人生雑誌の時代

『葦』『人生手帖』といった雑誌は、一九五〇年代半ばをピークとして、おおよそ一九五〇年代後半までの時期に高揚期を迎えた。

『葦』創刊号は、もともと三〇〇〇部の発行にすぎなかったが、予想を上回る反響で増刷を繰り返した。その後も好調な売れ行きが続き、一九五五年には七万部を発行するまでになった。『人生手帖』も一九五二年の創刊当初は一〇〇〇部の発行に留まっていたが、翌年には三万部、一九五五年には八万部に達した。同時期の『中央公論』で発行部数は一二万部(購買部数は八万部)程度であり、『世界』が一〇万部に達したのも一九五四年のことである。それを考えれば、これらの人生雑誌は出版界において一定の存在感を示していた。

週刊誌でも人生雑誌ブームがたびたび報じられた。『週刊朝日』(一九五五年七月一七日号)は巻頭九ページにわたって、特集「「人生雑誌」の秘密——若者の求めているものは何か？」を掲載した。そこでは、「「人生雑誌」と通称される一群の雑誌がある。ブームというほどではない

図 3-5　人生雑誌を特集した週刊誌記事
左：『サンデー毎日』1955 年 4 月 10 日号
右：『週刊朝日』1955 年 7 月 17 日号

が、馬鹿に出来ぬ売行きを示し、一部の青年子女から信仰に近い支持を受けている」と報じられていた。『サンデー毎日』(一九五五年四月一〇日号)も、「青年雑誌屋さんほくほく帖」と題した特集を組み、『葦』『人生手帖』などの人生雑誌が「若い世代の、あまい悩みを映し出して、一部の青年層に根を深くおろしている」ことを特筆していた。

人生雑誌ブームの社会的要因は、明らかに青年学級や定時制の盛り上がりと重なっていた。これまでにも述べたように、一九五〇年代半ばには全国平均で高校進学率が五割に達したが、それは就職組の青少年たちに「なぜ勉強ができる自分が高校に行けなくて、勉強ができないヤツが高校に行くんだ」という鬱屈をかき立てた。中学三年時における就職組と進学組の根深い反目も、第 2 章で述べたとおりである。そのことが、全日制高校とは異なる場で、知や勉学、教養を模索する動きにつながった。それは青年学級であり定時制であり、人生雑誌だった。

また、戦後の大学では、マルクス主義や自由主義、実存主義に根差した教養主義が広範に見られたが、それは大衆的な広がりも見せていた。戦後初期に『西田幾多郎全集』がベストセラーになったことは第1章でも述べたが、一九五〇年代後半には出版社系週刊誌の創刊(『週刊新潮』『週刊文春』など)が相次いだほか、光文社カッパ・ブックスの立ち上げ(一九五四年)を皮切りに、新書ブームが盛り上がりを見せた。カッパ・ブックスというと通俗的なイメージがあるかもしれないが、実際はそうではない。南博『マス・コミュニケーション入門』(一九六〇年)、川喜田二郎『ネパール王国探検記』(一九五七年)など、気鋭の学者によるものも少なくない。社会学者・加藤秀俊は、「新書、週刊誌という断片的常識主義」の広がりを通して「特権階級の文化と、庶民の文化のあいだの落差は実はきわめて小さ」くなっている一九五〇年代後半の文化状況を「中間文化」と名付けて、肯定的に評価していた(『中間文化』)。

青年団・青年学級や定時制とともに、人生雑誌が隆盛を見せていたのは、こうした時代背景によるものであった。実際に、人生雑誌と青年団・定時制との重なりは、誌面にも浮かび上がっていた。山本茂實は戦後初期には松本市の鎌田連合青年団長を務めていたし、愛知県西尾市のある青年団は読書サークルにおいて『人生手帖』をたびたび取り上げていた(『第二回全青研(二)-二』)。定時制高校生の読者も少なくなかった。誌面では定時制高校生の投稿は頻繁に見られ、第2章で取り上げた座談会「定時制高校生のよろこびとかなしみ」も、『人生手帖』(一九五九年七月号)に掲載されたものであった。いわば、大衆教養主義に惹かれる勤労青年が交わり、あるいは手にしたのが、青年団・青年学級や定時制、そして人生雑誌であった。

ただ、繰り返しになるが、青年学級や定時制に通えなかったり、それらに飽き足らない勤労青年たちが購読していたのが、人生雑誌というメディアであった。「想像の読者共同体」をイメージさせることで、地理的・時間的制約のために青年学級や定時制に通えない青年たちを包摂する一方、「査読」の機能や「大学なみの教養の提示」を通して、読者たちは進学組への優位や自負を見出すことができた。一九五〇年代の半ばから後半にかけて、青年団や定時制、人生雑誌を通して、大衆教養主義の盛り上がりが見られたが、それは必ずしも一枚岩だったわけではなく、重なり合うものとともに、幾多のズレも浮かび上がっていたのである。

階級の再生産

『葦』『人生手帖』といった人生雑誌は、既述のように左派色が少なからず見られた。この点も、定時制や青年団・青年学級とは異質であった。むろん、企業はしばしば、従業員が定時制で労働運動に接触することを恐れていたし、市や県の連合青年団上層部は左派的な雰囲気を醸すことも少なくなかった。だが、それは必ずしも、定時制や青年団の全体像ではなかった。これに対し、『葦』『人生手帖』のような人生雑誌は労働問題や反戦運動をたびたび取り上げていた。両誌の主要執筆者であった柳田謙十郎が日本戦没学生記念会(わだつみ会)の理事長を務め、また、京都学派哲学から戦後はマルクス主義に転向したことも、そこには関わっていた。ほかにも、小田切秀雄や戒能通孝、真下信一など、左派的な知識人が多く寄稿していた。

そのことは、人生雑誌に対する雇用主や同僚の警戒感につながった。ある男性工員は『人生手帖』を読み始め、その読書サークル(緑の会)に近づいたところ、工場内で「〝アカ〟という非難」や監視、圧迫にさらされ、「工場のなかにたくさんいたなかまの一部は『人生手帖』を読むことを中止した」ことを記していた(『人生手帖』一九五九年六月号)。

ふえる〝赤い兵隊〟
日共の自衛隊工作
防衛庁大あわて
読書グループ〝緑の会〟

図 3-6 『読売新聞』1955 年 4 月 27 日

人生雑誌の左派的なイメージは、マス・メディアでも扱われた。『読売新聞』(一九五五年四月二七日)は、社会面トップで「職場のサークルなどをねらった日共(=日本共産党)の外郭機関誌」「〝緑の会〟は日共の情報スパイ網の一役」と報じ、『人生手帖』や緑の会が自衛隊員に入り込み、「自衛隊の赤化工作」をはかっていると記していた。見出しも、「ふえる〝赤い兵隊〟日共の自衛隊工作」というセンセーショナルなものだった(図3―6)。

自衛隊員のなかには、家計困難のゆえに進学できず、安定性や資格取得の見込みがあることから、やむをえず入隊した者も多かった〔『少年自衛隊』一九五六年〕。それだけに、彼らのなかには、人生雑誌の購読者も少なくなかった。しかし、『人生手帖』は日本共産党と関係があったわけではなく、この記事は明らかな事実誤認だった。『人生手帖』(一九五五年六月号)にも、この報道への反論声明が掲載されている。だが、誤報とはいえ、人生雑誌に左派的なイメージがつきまとっていたことはうかがえよう。人生雑誌の読者に対する勤務先での圧迫も、このような印象に根ざしていた。

さらに、人生雑誌の購読のゆえに職が奪われることもあった。『葦』(一九五三年春季特大号)の読者投稿欄には、以下のような勤労青年の経験が綴られている。

　とつぜん会社から退職をいいわたされた。理由は「葦を読む会」を作ろうとしたことだつた。一週間前に友人五人と僕の家で「読む会」の打合せをしたことがあつた。たつたそれだけのことが辞職せねばならない理由なのである。〔……〕人生を真面目に考え、真摯に生きようとすればするほど、曲解される世の中である。このような会を作ろうとするのがそんなに悪いことだろうか。

『葦』や『人生手帖』を手にすることは、勤労青年にとって、こうしたリスクを伴うものでもあった。とくに、雇用主の監視が行き届く住込みや寮の場合、部屋に置かれていたり、定期購読で送付される雑誌が調べ上げられ、その読者に圧迫が加えられることは珍しくなかった。ある男性工員は「衛生検査とかなんとか称してわたしたちの部屋部屋をしらべ、どんな本を読んでいるかを調査」されたことを記していた[『人生手帖』一九五九年六月号]。

それはすなわち、人生雑誌の購読が階級の再生産やさらなる下降を促していたことを指し示す。前述のように、人生雑誌は進学組への転覆戦略と結びつき、「実利のための勉強」に齟齬する彼らへの優位を読者たちにかき立てていた。左派的な社会批判のスタンスも、「実利を超えて社会に目を見開き、理不尽さに異を唱える」ことの使命感と自負を醸し出し、ひいては「体制順応的な優等生」への優位性を感知させた。しかし、そのことが雇用主や同僚との軋轢を招き、昇進が妨げられたり、解雇されることにもつながった。労働法が実質的に機能しないような零細・中小企業であれば、なおさらだった。「教養」の面で進学組に優位しようとすることが、実利や日常生活の面で彼らへの劣位を再生産していたのである。

「マルクスみかん水」のアカい微香

もっとも、人生雑誌の左派色が先鋭的なものであったかというと、必ずしもそうではなかった。ある「日共のメンバー」は、「労働者読者からの忠告」と題した文章のなかで、「『葦』の内容を高めるために、読者のなかに活動家を育てる仕事を地味に一歩一歩とすすめようとせず、左翼の論客や学者を動員して、坐つたままで一気にやろうとしている」「観念的に思い上つている」と『葦』への批判を述べていた(『葦』一九五二年夏号)。日本共産党の山村工作隊や職場細胞のような「実践活動」に比べれば、人生雑誌は左派知識人の議論を平易に紹介するだけの微温なものでしかなかった。

人生雑誌の側も、意図的に左翼政党と一定の距離をとろうとしていた。『人生手帖』編集部は一九五九年一月号のなかで同誌読者サークルに言及しながら、「文化サークルは政治的・経済的な行動団体ではない」ことを強調していた。同年六月号でも、主筆の寺島文夫は「緑の会の自主性を尊重して、共産党の方針は絶対正しいのだからといって押しつけるようなことをしないでほしい」と訴えていた。

左派的な社会批判に共感しながらも、読者の生活記録や主要著者の人生論に重きを置き、左翼政党と一定の距離をとろうとする姿勢は、「マルクスみかん水」(大宅壮一)とも揶揄された。マルクス主義を水でうすめ、糖分・香料を加えて口当たりを良くしているとの意である。人生雑誌特集を組んだ『週刊朝日』(一九五五年七月一七日号)も、この大宅の言葉を引きながら、「『葦』『人生手帖』は」きびしい唯物弁証法の論議ではなく、哲学的、文学的なオブラートに左翼的な立場を包んでいる」と評していた。

もっとも編集部にしてみれば、読者への配慮の意味合いもあった。寺島文夫は『人生手帖』（一九五九年六月号）のなかで、「アカといわれてクビになったりする会員が一人でもあることに重大な責任を感じる」と述べている。先述の通り、読者のなかには、住込みや寮住まいの工員・店員も多く、その読書傾向は雇用主の監視下に置かれがちだった。こうしたなか、雑誌の左翼色が際立つのであれば、彼らを苦境に陥れることになりかねず、ひいては部数減少も予想された。人生雑誌の「マルクスみかん水」の色彩は、これらの配慮によるものでもあった。

2　教養雑誌の衰退と見えなくなる格差

「政治の季節」との不調和

人生雑誌は一九五〇年代後半までは隆盛の様相を見せていたが、一九六〇年代に入ると急速に翳りが目立つようになった。『葦』は社内の内紛や度重なる経営権の移転もあり、一九六〇年一二月号を最後に廃刊となった。『人生手帖』も一九六三年には、発行部数が二、三万部にまで落ち込んでいた。最盛期の三分の一以下の規模である。

読者たちの視線も冷めたものになりつつあった。誌面には「人生手帖は幼稚だから、あんなものをいつまでも読んでいたのでは成長も進歩もない」[『人生手帖』一九五九年一月号]や「人生手帖は陰気くさい、ジメジメした本だね。友達に、この本を貸した後の、決つた文句だ」[『人生手帖』一九六〇年四月号]という指摘もしばしば見られた。

もっとも、誌面に特段の変化があったわけではない。『人生手帖』(一九六〇年一月号)では、特集「現代に生きる青春のモラル」や「人生観について」(柳田謙十郎)といった内省的なテーマのほか、「臨時工の希望」などの生活記録が掲載されている。三月号でも、「生きる条件」(寺島文夫)や「進学がすべてではない」など、従来にも見られた主題が収められていた。かつて、人生雑誌は「生き甲斐ある生活」について考えさせてくれるものであったが、一九六〇年代にもなると、そこに「幼稚さ」や「暗さ」が嗅ぎ取られるようになったのである。

その要因の一つとしては、政治的な主題に対して距離をとっていたことがあげられる。かつての『葦』の愛読者は、秋田県のサークル誌『山脈』(一九六〇年一月号)のなかで、人生雑誌を手放した理由について、以下のように述べている。

　私達はもう「人生雑誌」というものに満足しなくなつています。単なる泣言の言い合いや慰め合いは沢山だ。何でもよいから「イズム」を求めているのです。それは自由主義とか社会主義とかの既成の気負つたものでなくてもいいのです。[……]

人生雑誌に於ける悲しみは文学的すぎる上に類型的です。悲しみや苦しみを必要以上に誇大視しています。自分ほど惨めなものはないと、自分を悲劇のヒロインに仕立て、自虐的に誇ることによつて自己陶酔しています。〔……〕

また、人生雑誌で戦争体験に類似したものに接したことがない。日本国開闢以来の非惨事なのに、忘れ去られてしまつたのでしようか。自己の悲しみが小さかつたから、戦争に反発しないでもよいと言うのでしようか。〔「私のみた「人生雑誌」」〕

かつてであれば、「人生雑誌に於ける悲しみ」や「自虐的に誇ること」の「自己陶酔」は、同じ境遇の勤労青年の「想像の共同体」を生み出していた。だが、ここでは、それへの露骨な不快感が綴られていた。その理由として挙げられていたのは、「戦争に反発しない」姿勢や「イズム」の欠如であった。

折しも六〇年代は、政治的な争点が社会的に加熱した時代だった。一九五八年の警察官職務執行法改正の際にも反対運動が高揚したが、六〇年安保改定では、全国で五八〇万もの人々が反対デモに参加した。一九六五年には日韓基本条約調印をめぐって反対の輿論が高揚したほか、六〇年代後半にはベトナム反戦運動、佐世保闘争、大学紛争が過熱した。

しかしながら、人生雑誌はしばしば政治的な争点から距離をとろうとした。『人生手帖』（一九六〇年五月号)の「サークル活動のらん」のなかで、編集部は、「若い人達によって今日のめまぐるしい政治の問題は、より多く語られなければならない非常に大切な問題ではあるが、これを期待している会員がどのくらいあるだろうか」と記していた。政治的なテーマを前面に出すことへの編集部の違和感がうかがえる。

もっとも、六〇年安保をめぐる言及もないわけではない。『人生手帖』(一九六〇年七月号)の編集後記では、「[六月]二十日朝の編集室は、出勤してきた皆が新聞を囲んで一しきり「チキショーッ」「ひでえ」を連発しました。アメリカさんが戦争を始めたら日本も必らず一緒にやらなければならぬ、という例のアンポが、[……]岸さんたち賛成者だけの採決で「きまった」というのです」と綴られていた。だが、その一方で、寺島文夫による「時事問題の底にある本質的なものをとらえるものごとの見方、考え方、すなわち人生観世界観を身につけることが大切だと思います」という記述も見られた。

図 3-7　60 年安保闘争

こうした雑誌のスタンスは、政治的な関心がつよい読者にしてみれば、物足りないものでしかなかっただろう。人生雑誌の甘く薄められた左翼色は、政治へのつよい関心を抱くこの当時の読者にとって、共鳴しがたいものになっていた。

「就職組的発想」の衰退

人生雑誌の衰退のうえでは、高校進学率が高まったことも大きかった。人生雑誌全盛期の一九五〇年代半ばの高校進学率は五割程度であったが、高度経済成長に伴い、一九六一年には六二・三パーセント、一九六五年には七〇・七パーセントとなり、一九七〇年には八二・一パーセントに達した。そのことは、家計の困窮が原因で義務教育以上の学校に進めない層の大幅な減少を意味した。必然的に進学の問題は、家計の問題というよりも、学力や選抜の問題として捉えられるようになった。第2章でも述べたように、教育の機会を生かせるかどうかは「本人の努力や能力次第」という認識が一般化したのである［『大衆教育社会のゆくえ』］。

もっとも、この時期においても、格差と進学の問題は密接に結びついていた。たしかに高校進学率は高まってはいたが、従来なら義務教育以上にあまり進まなかったブルーカラー層や農林漁業層の子弟は、総じて職業科高校（工業高校・商業高校など）に進む傾向が見られ、大学進学を見据えた普通科上位校は限られていた。かつての高校非進学者や定時制進学者は職業科高校に吸収され、「かつて高校進学者と非進学者との間にみられた階層差は、高校進学率の上昇の過程で、今度は高校のタイプ間の差異に姿を変えていった」のである［同書］。

しかしながら、格差と進学の問題は、高度経済成長が進むなかで、総じて顧みられなくなった。教育学の世界においても、その傾向は顕著だった。苅谷剛彦の指摘によれば、一九五〇年代までの教育学では、貧困や階級差が学歴取得や教育をどう規定しているのかについて、多く議論されていた。だが、高校進学率が急上昇を見せる一九六〇年代・七〇年代になると、これらの問題関心は薄れていったという[同書]。学歴社会批判はその後も頻繁に議論されたが、それは学歴取得後の問題を扱うものであり、学歴取得以前にいかなる不平等が入り込んでいるのかについて、関心を払うものではなかった。経済的に高校進学できない層の存在に至っては、社会的になおさら見えにくいものとなった。

こうして進学の問題が、家計の問題ではなく学力の問題とみなされるようになったことは、人生雑誌を下支えした情念の後景化につながった。家計が原因で上級学校に進めないのであれば、低学力の烙印を押されたわけではないので、進学という目標を人生雑誌購読に移し替えながら、あきらめ切れなかった勉学・読書への憧憬を維持することは可能だった。だが、進学できない理由が低学力にあるとみなされ、勉学の世界から拒絶されたのであれば、それとの親和性が高い目標を維持することは困難になってしまう。そこでは、「実利」を離れた読書と人格陶冶を突き詰め、「査読」を通して進学組を凌駕しようとする発想は生じにくい。

そのことは、誌面にもあらわれていた。『人生手帖』(一九六三年七月号)には、中学卒業後に家具職人や薬品販売店員になった勤労青年の手記が掲載されているが、そこには上級学校に進めなかった鬱屈はなく、むしろ、近い将来の独立を目指して、「今まで以上にファイトをもやしてい」ることが記されていた。『人生手帖』（一九六七年一二月号）には、働きながら定時制高校を卒業し、夜間大学に通う勤労青年の手記が掲載されているが、そこでは「こうした私の希望は、日々の生活をたのしくしてくれます。人生にとって夢と希望のある生活ほどたのしいものはありません」と書かれている。「忍耐」や「数々の試練」への言及はあるものの、「前向きさ」や「希望」が文章の基調をなしていた。これらは、一九五〇年代までの人生雑誌に見られた煩悶や社会批判、「真なる生」の模索とは、明らかに異質だった。

また、哲学者・文学者の名前をちりばめた手記も、目立たなくなった。この時期でも、真下信一「民主主義とはどういうものか」・芝田進午「ベトナム戦争の実態」（いずれも『人生手帖』一九六七年一一月号）など、知識人による論説は収められていた。だが、読者が手記のなかで、教養主義的な人文知にふれながら、「生」や社会を追究しようとするものは、あまり見られなくなった。

『葦』『人生手帖』の編集を手掛けた大和岩雄は、「読者への手紙――編集者の回顧と展望」（一九六三年）のなかで、「読者との共感がお互にピッタリしなくなった」「就職組的発想だけでは、今の十代後半、二十代前半の読者とうまく合わない」と記していた〔『明日の記念に』〕。大和はかつて、人生雑誌について「書き手も就職組、読み手も就職組、そして編集者も就職組なのだ」と語っていたが、一九六〇年代前半にはこうした状況が成立しにくくなっていた。

労働環境の改善と消費文化

「就職組的発想」の衰退には、労働環境の改善も関わっていた。第2章でもふれたように、一九六〇年代に入り高度経済成長が加速するなか、都市部や工業地域における労働力の逼迫はますます顕著になった。設備投資と技術革新に伴い、高卒労働者のみならず、中卒労働者の需要も高まっていた。しかし、高校進学率の急上昇のため、中卒労働者の獲得は困難となり、とくに中小企業にはその傾向が色濃く見られた。中卒労働者は「金の卵」「カズノコなみの希少価値」とされた。

必然的に労働力確保や離転職防止のために、企業は労働条件の改善に着手せざるを得なくなった。大企業と中小企業の初任給の格差は、かなりの程度解消され、ときには小規模の事業所ほど高額の初任給を提示する傾向も見られた。労働時間・休日の明文化も、業界団体や労働行政当局（職業安定所など）が主導する形で、一定の進展や改善が見られた。定時制高校への通学も以前に比べれば職場での理解が進むようになったのは、第2章でも述べたとおりである。

『月刊社会教育』（一九六一年一〇月号）に掲載された「工都岡谷市　川岸地区の青年たち」（斎藤峻）の以下の記述は、こうした状況を如実に語っている。

諏訪でも労働力が不足していて、労働者集めのために宿舎をつくって、雇い主は労働者をたいせつにする。他へ目をむけないように、労働者を逃がさないように、可愛がる。春秋には旅行につれていく。大企業があげる前に給料をあげてやる。夜は寄宿舎にいるように設備を整える。

精密機械工場が集まる長野県岡谷市周辺で、若年労働者の確保と離転職の防止のために、中小の事業所が労働条件の改善に腐心しているさまがうかがえる。

それに伴い、消費文化も浸透した。一九六四年の東京オリンピックに向けて高速道路や東海道新幹線など、交通インフラの整備が進んだことで、大型連休を当て込んだ観光旅行が増加した。余暇関連市場は年平均二〇パーセント以上の成長となり、ボウリングやスキー、旅行が大衆化した。『読売新聞』(一九六一年一二月一四日)では、「スキーシーズンの土曜日には、教室のうしろにスキーやリュックが山をなす」ような定時制高校もあることが紹介されていた。テレビ受像機の所有も進み、一九六三年には普及率がアメリカに次ぐ世界第二位となった。東京オリンピックの開催は、カラーテレビの生産・普及を後押しした。

一九六〇年代後半には「マイカーブーム」が広がりを見せ、自動車保有台数は一九六〇年の

図3-8　マイカーブームのはじまり（1963年7月）

四四万台から一九六五年には一八八万台、一九七〇年には六七八万台に達した。大阪万博に沸く同時代を舞台にした映画『家族』（山田洋次監督、松竹、一九七〇年）には、福山市の工場に勤務する風見力（主人公の弟）が、月賦で買ったスズキ・フロンテを運転する場面がある。若年の工場労働者が自動車を所有することは、まだ容易ではなかったが、近い将来に大衆車を所有できることは十分想定し得る時代になりつつあった。

　こうした環境のなか、知や教養を吸収すべく刻苦勉励する意欲は、総じて失われていった。ある勤労青年は「はじめのうちは定時制に行こうかな、と思ったこともあったんです。……しかし、工場内のふんい気になれるにつれて、……それに僕がいる独身寮は冷暖房つきの住みやすいところだし、……一年もたつとその気もなくなっちゃったんです」と述べていた［『集団就職』一九六七年］。『朝日新聞』（一九六一年一一月二四日）の特集記事「定時制かたぎ」でも、二割ほどの生徒が、プロレス放送に合わせて授業を早退することが記されている。消費や娯楽が日常生活に浸透したことで、定時制高校で学ぶ意欲が冷まされている状況が浮かび上がる。それが人生雑誌の衰退とも重なるものであったことは、容易に想像できよう。大和岩雄が創業した大和書房の社史では、これに関して以下のように書かれている。

　幸か不幸か、その頃、日本経済の発展にともなう急速な人手不足といった現象は、いわば雇用制度や労働組合等の上で極端な二重構造であった働く人には大きな変化をもたらしはじめました。「人生雑誌」はそうした社会情勢を背景にした雑誌であっただけに、この社会変動による影響は少なからずありました。〔『大和書房三十年のあゆみ』〕

労働環境が改善され、消費文化が浸透したことは、勤労青年たちにとっては「幸」であったが、人生雑誌にとっては「不幸」でしかなかった。

教養主義の没落

第2章でも少しふれたように、大学キャンパスでも教養主義の没落が顕著になりつつあった。高度経済成長が進むなか、高校進学率のみならず、大学進学率も大きく伸びた。終戦前後の時期であれば二、三パーセントにすぎなかったものが、一九六〇年には一〇・三パーセント、一九七〇年には二三・六パーセントとなり、一九七五年には四割弱に達した。

その一方で、六〇年代後半は、戦後のベビーブーム世代が大挙して大学へ進学した時期であ

図 3-9　東大闘争(1968 年)

った。そのゆえに受験競争が過熱するとともに、大学設備や教員数の不足も明らかになった。学生の急増により、教室定員を受講者数が上回ることもしばしばだった。当然ながら、予備知識を持つ少数の学生を相手にしたゼミナール形式の授業は難しくなり、大教室で教官が一方的に講義をするだけの平板なマスプロ授業が一般的となった。大学側も手をこまねいていたばかりではなく、校舎や設備の拡充をはかったが、それは必然的に学費の値上げにつながった。

　大学卒業後の進路も平凡なものへと変化した。かつてであれば大学生は希少なエリートであったがゆえに、官庁や企業で将来の幹部候補として迎えられることが想定されたが、世代人口の四分の一が大学に進み、大卒学歴がありふれたものになると、一般社員・職員として雇用されるようになった。それでも、入職後三〇年以上を経なければ工員から職員に身分転換できない中卒養成工に比べると、はるかに恵まれたものではあったが、かつてのようなエリート像を望めなくなったのも事実であり、下位の職位から徐々に昇進していくサラリーマンの見通ししか持てなくなっていた。

　こうしたなかで、大学生たちが「裏切られた」という思いを抱くのは当然であった。彼らは厳しい受験競争をくぐっただけでなく、多くの場合、一家で初めての大学生であり、家族・親族の期待を背負って大学に入った。しかし、彼らは入学早々、幻滅に直面することとなり、大学当局や教授たちに苛立ちを覚えた。ベトナム反戦運動や沖縄返還問題、七〇年安保問題といった政治問題に関心を抱く者も多く、大規模なデモや運動も頻発したが、それも年長エリートたちが作り上げた閉塞的な「戦後民主主義」への反感に根差していた。一九六〇年代末には、東大闘争や日大闘争など、全国各地で大学紛争が頻発したのも、こうした背景によるものであった。

そこに浮かび上がるのは、「教養主義の没落」(竹内洋)であった。学生たちは、大学構内でさかんに大学教授らを吊し上げ、彼らの存在意義や戦後社会のありようを問いただしたが、そこには教養知識人への憎悪が色濃く見られた。かつてであれば「読書を通じた人格陶冶」の規範は、教養知識人と学生たちを包含した教養共同体を生み出していたが、それへの疑念が露呈し始めたのが、この時期であった。

図 3–10　映画『未成年』(1965 年)広告

こうした状況は、大学や教養に対する大衆的な憧れを衰退させることとなった。『未成年――続・キューポラのある街』(野村孝監督、日活、一九六五年)では、定時制高校に通いながら福祉系の大学への進学を夢見ていたジュン(吉永小百合)が、地域や職場を取り巻く格差や矛盾に直面するなか、進学に意味を見出せなくなり、定時制中退を選択するさまが描かれている。ダンスホールで酩酊する旧友に「ジュン、あんた大学行くの? へぇ、バカみたい」「定時制へ行って頑張って、貯金して頑張って、そのうえまだ頑張っちゃって大学行って、そいでどうすんのよ。何が面白くてそんなに頑張ってんの」と嘲笑される場面もあるが、ジュンがそれに言い返せないほどに、説得力を帯びていた。大衆的なイメージにおいても、大学の価値と教養の輝きは、霞み始めていたのである。

だとすれば、「大学なみの教養」や読書・生き方を掲げていた人生雑誌が、この時期に衰退していったのは、不思議ではない。人生雑誌には「査読」を通した進学組への転覆戦略が込められていたが、大学の威信低下は、転覆の対象が相対的に卑小なものになったことを意味する。必然的に、進学組を転覆させようとする欲望は、冷却されがちだった。

以上の要因が相俟って、以後、人生雑誌の読者離れはますます進行し、『人生手帖』は一九七四年にその歴史を閉じることとなった。正確に言えば、同誌は『健康ファミリー』という健康雑誌に転じた。すでに一九六〇年代後半から『人生手帖』では自然食・断食療法といった健康関連記事が多く扱われていた。一面では、公害問題、とくに食品公害や薬害といった社会問題を見据えた動きではあった。だが、版元の文理書院は健康食品販売にも乗り出すなど、『人生手帖』の主な関心は「読書を通じた人格陶治」「公的な社会批判」から「私的な健康の維持」に移っていた〔『「働く青年」と教養の戦後史』〕。同誌が健康雑誌に転じたことは、読書を通じて公的な社会のありようや「真実」を模索する若者雑誌文化が消え失せてしまったことを、如実に物語っていた。

雑誌から書籍へ

とはいえ、雑誌ではなく書籍メディアであれば、一九六〇年代後半以降も大衆教養主義的な動きはいくらか見られた。大和岩雄が立ち上げた大和書房は、実用書刊行のかたわら、『串田孫一断想集』(全三巻、一九六四年)、『亀井勝一郎人生論集』(全八巻、別巻二、一九六五―六七年)、『志賀直哉対話集』(一九六九年)、吉本隆明『戦後詩史論』(一九七八年)など、著名な文学者・思想家の著作を多く刊行した〔『大和書房三十年のあゆみ』〕。

一見すると、アカデミックな色彩が濃いようにも見えるが、そこには大和の人生雑誌編集との連続性を読み取るべきであろう。

大和は、大和書房創設間もない一九六三年に、同社の「編集の基本ライン」として、「銀河選書」という人生論シリーズを立ち上げた〔同書〕。そこには、人生雑誌編集を手掛けていた頃から交流があった亀井勝一郎や串田孫一らも寄稿していた。また、一九六八年から七二年にかけて、文学者の武者小路実篤から歴史学者の羽仁五郎まで「あらゆる分野の人たちの人生観」を集めた「わが人生観」シリーズ全三〇巻を出している。人生雑誌の衰退以降も、その問題関心の延長で、大衆教養主義的な書籍の刊行が重ねられてきたのである。心理学者・加藤諦三の人生論シリーズもベストセラーとなり、一九七五年から八一年にかけて「加藤諦三文庫」(計二六点)が発行されたが、これも同様の系譜に位置づけることができる。前述の志賀直哉や吉本隆明の著書刊行も、そうした流れのうえにあった。

だが裏を返せば、若年層を対象とした大衆教養主義は、書籍では扱われることがあっても、雑誌では成立し得ない状況になっていた。書籍はあくまで単独の商品なので、その主題で持続的な刊行がなされる保証はない。それに対して、雑誌は定期的な刊行形態をとるため、ある主題を持続的に扱うことが前提にされている。一九七〇年代半ばで人生雑誌が潰えたことは、大衆教養主義的な主題が読者を持続的に獲得する見込みがなくなったことを意味していた。

さらに言えば、雑誌は読者投稿を通して、書き手や編集部と読者の間に一定の双方向コミュニケーションを生み出すことができるが、書籍の場合にはそれはない。あくまで、著者・版元から読者への一方向のコミュニケーションのメディアである。必然的に、「想像の読者共同体」が生まれることはない。大衆教養主義的なテーマの書籍が不定期に刊行されることはあっても、持続的な「想像の読者共同体」を生み出すメディアは、もはや成立し得なかった。

3　断片化する教養

中年文化と大衆教養主義の残滓

かくして、勤労青年の教養文化は終焉を迎えた。第1章から見てきたように、農村では青年団・青年学級が農村青年の教養文化を下支えした。都市部の勤労青年たちは、進学・昇進とは切り離された教養を定時制高校に求めようとした。そして、それらに通うことができなかった青年が、人生雑誌を手に取った。しかし、農村部から都市部への人口移動、全日制高校への進学率の上昇、消費文化の浸透などもあって、これらは大衆教養主義をかき立てる場ではなくなった。むろん、青年団・青年学級と定時制、人生雑誌はそれぞれに衰退の時期や社会背景は微妙に異なってはいたが、一九七〇年代の初頭までには、おおよそこれらを通した教養文化は見られなくなった。

だが、往時の彼らの教養文化は、形を変えながら、その後もかすかに残存していた。たしかに、勤労青年から大学生に至るまで、若者層は教養主義的な価値観から遠ざかるようになったが、かつて若い頃に教養主義にふれた中高年層がこれらの規範からまったく乖離してしまうこ

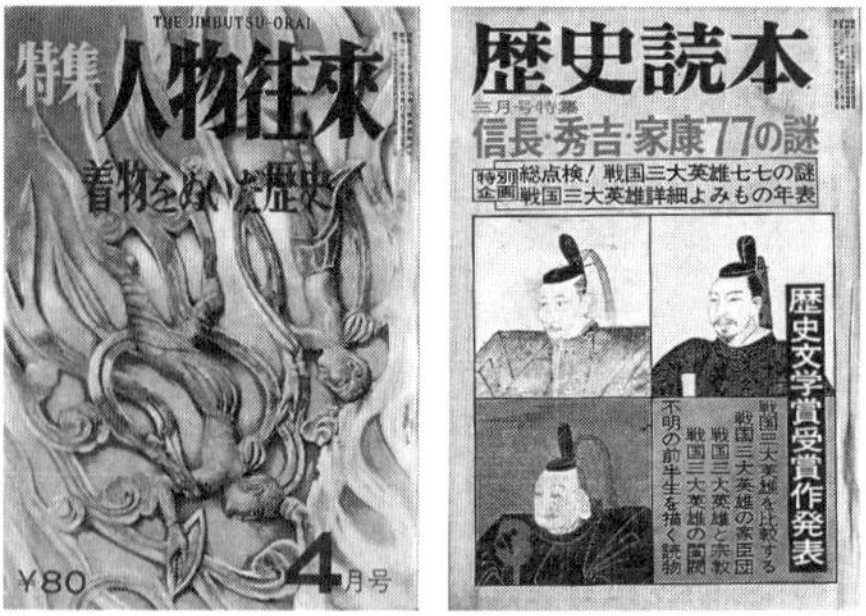

図3-11　左：『特集人物往来』1957年4月号
右：『歴史読本』1977年2月号

とは、考えにくい。職場での多忙な業務や家事・子育てなどで、中高年層がじっくり腰を据えて読書をしたり、友人たちと議論を交わすことは、たしかに難しかっただろう。抽象的な思想や文学にふれることも、精神的に大きな労力を要するだけに、若い頃よりも時間的な余裕がない状況では、おそらく困難であった。しかし、時間的・精神的な負担にならない範囲で「教養」を模索することが皆無であったわけでもないだろう。

そのことを考えるうえで、おおよそ一九七〇年代半ばから一九八〇年代半ばにかけて、言わば「昭和五〇年代」に盛り上がりを見せた大衆歴史ブームは示唆的である。

大衆歴史ブームと「昭和五〇年代」

「昭和五〇年代」には、大衆歴史雑誌が大きな盛り上がりを見せた。歴史学者を対象にした専門学術誌ではなく、歴史に関心がある一般読者を対象にした商業誌であり、『歴史読本』『歴史と旅』などが、その代表的なものである。

戦後の大衆歴史雑誌の嚆矢としては、『歴史読本』（新人物往来社）の前身にあたる『特集人物往来』（人物往来社、一九五六年一月創刊）に遡ることができる（一九六〇年一月に『人物往来歴史読本』に改題）。しかし、当初は「着物をぬいだ歴史」（一九五七年四月号）・「将軍家の犯科帳」（一九六二年六月号）など、ややスキャンダラスな「秘史」「奇史」を扱っており、人物往来社の経営難も相俟って、売れ行きは後年に比べれば芳しくはなかった。この雑誌が盛り上がりを見せるようになるのは、一九七〇年代以降、戦国武将や城郭、幕末偉人伝などの「正史」を大きく扱うようになってからである。同社はさらに、『別冊歴史読本』（一九七六年創刊）や『歴史読本スペシャル』（一九八一年創刊）を定期刊行するようになった。時を同じくして、『歴史と旅』（秋田書店、一九七四年創刊）や『歴史と人物』（中央公論社、一九八四年創刊）など、同種の雑誌が多く創刊された。

図 3-12 『プレジデント』1980 年 8 月号

管理職層を対象にしたビジネス誌『プレジデント』が歴史人物特集を頻繁に組むようになるのも、一九七八年以降のことである。特集「現代の「参謀学」」（一九八三年五月号）では、新選組・土方歳三や連合艦隊参謀・黒島亀人、満鉄調査部などが扱われ、特集「連合艦隊の名リーダーたち」(一九八一年五月号)では、草鹿龍之介(連合艦隊参謀長)、山口多聞(第二航空戦隊司令官、ミッドウェー海戦で戦死)、伊藤整一(第二艦隊司令長官、戦艦大和の沖縄特攻を指揮し戦死)らが論じられた。特集「「終戦後」の研究」(一九八〇年八月号)に至っては、D・マッカーサーや昭和天皇に加えて、戦後初代の日本共産党書記長・徳田球一までもが取り上げられた。

図 3-13　大河ドラマ『黄金の日日』特集(『グラフ NHK』1978 年 9 月号)

時を同じくして、「古代史ブーム」も盛り上がりを見せた。大衆歴史雑誌で古代史が扱われることも多かったほか、松本清張もこの時期に『遊古疑考』(一九七三年)や『私説古風土記』(一九七七年)といった古代史の著作をまとめている。一九七四年には、市民レベルでの古代史研究の隆盛を受けて、大和書房から季刊誌『東アジアの古代文化』が創刊され、同社創業者の大和岩雄も、古代史研究の著作を量産するようになった。

NHK大河ドラマでは、『黄金の日日』(城山三郎原作、一九七八年)、『獅子の時代』(山田太一脚本、一九八〇年)、『峠の群像』(堺屋太一原作、一九八二年)、『徳川家康』(山岡荘八原作、一九八三年)などが話題になり、多くの視聴者を引きつけた。それ以前の大河ドラマがしばしば不振に喘いでいたことを思えば、「昭和四〇年代」との相違は顕著である(『NHK大河ドラマの歳月』)。

戦後に名をなす歴史作家が重厚な作品を多く発表したのも、この時期である。司馬遼太郎は、すでに『竜馬がゆく』(一九六三—六六年)や『国盗り物語』(一九六五—六六年)で知られていたとはいえ、『坂の上の雲』(一九六九—七二年)、『花神』(一九七二年)、『翔ぶが如く』(一九七五—七六年)、『項羽と劉邦』(一九八〇年)など、のちにも広く読み継がれる作品を「昭和五〇年代」前後の時期に書籍としてまとめあげている。

図 3–14 司馬遼太郎『翔ぶが如く』第1巻(文藝春秋社, 1975年)

「鬼平犯科帳」「仕掛人・藤枝梅安」シリーズで知られる池波正太郎が、信州・真田家(昌幸・信之・幸村父子)を描いた代表作『真田太平記』(全一六巻)を上梓したのは、一九七四年から一九八三年にかけての時期だった。そのほかにも、吉村昭『ふぉん・しいほるとの娘』(一九七八年)・『ポーツマスの旗』(一九七九年)や城山三郎『落日燃ゆ』(一九七四年)・『黄金の日日』(一九七八年)・『男子の本懐』(一九八〇年)などが思い起こされよう。

むろん大河ドラマ等との相乗効果も大きかった。『花神』や『黄金の日日』は大河ドラマの原作となったことも相俟って、多くの読者を獲得した。

『ポーツマスの旗』や『真田太平記』にしても、それぞれ一九八一年・八五年にNHKで連続ドラマ化されている。

戦争の記憶と「歴史もの」

これら「昭和五〇年代」に円熟期を迎えた歴史作家たちに共通しているのは、戦中派世代に属していることである。一九二〇年代半ば前後に出生した彼らは、学徒兵や末端兵士として軍隊に駆り出されて戦地に送られた。なかには徴兵の対象から外れた者もあったが、それとて、親しい友人が次々と戦地に送られるなか、深い負い目を感じなければならなかった。

そのせいか、彼らの作品には、戦争体験を思い起こさせるものが少なくない。池波正太郎『真田太平記』には、武田家滅亡の際の戦場のおぞましさや大坂冬の陣・夏の陣における戦闘のありようが描かれているが、それは、言葉にしがたい断片的な「戦争の記憶」や戦闘集団の組織病理を露骨に想起させる。戦後三〇年ほどの当時、戦争体験を有する中高年世代も多く手にしたことを思えば、そこに「先の戦争」をめぐる記憶や情念が読み込まれたことは、想像に難くない。池波自身も、戦争最末期に徴兵され、海軍で軍隊生活を送った際には、暴力と物資横流しが蔓延する軍のありように反感を募らせていた(『青春忘れもの』)。

同様のことは、日本の戦国時代や幕末・明治、中国古代史を描いた司馬遼太郎の小説のなかにも見られた。日露戦争を扱った『坂の上の雲』では、旅順攻略で繰り返された非効率な肉弾突撃やロシア政府・軍の腐敗に言及されているが、それはかつて司馬が戦車兵として体験した日本軍の病弊を思い起こさせる。実際に、日本の戦時体制とのアナロジーは、『坂の上の雲』『項羽と劉邦』『花神』など、さまざまな司馬作品のなかに存在している。

さらに言えば、同時代の大河ドラマにも、こうした描写を見出すことができる。戦国期・堺の貿易商人を描いた『黄金の日日』には、織田信長の比叡山焼き討ちや豊臣秀吉による朝鮮出兵の場面があるが、それは中国戦線やフィリピン戦線における旧日本軍の暴虐を連想させた。人々の権利や自由な経済活動を抑え込む政治の暴力に対して、交易の平等主義や経済合理主義でもって立ち向かおうとする主人公の描写は、それがいささかユートピア的に見えるとしても、そこには総動員体制に根ざした戦時のありようへの批判を見ることができる。明治維新の美名のもとで、末端の人々が困苦に喘ぐさまを多く描いた『獅子の時代』にしても、同種のものを読み取ることができよう。

「参入障壁」の低さ

このことは見ようによっては、先の戦争のひずみを別の「史実」と絡めながら問い直そうとする営みでもあった。第1章でも述べたように、戦後初期の青年団は戦争をめぐる自責や悔恨、憤りが起点となって生み出され、読書や討議、教養といったものがしばしば扱われた。そうした動きとの一抹の連続性を垣間見ることもできるだろう。

むろん、歴史小説にしても大河ドラマにしても、歴史学的な史料批判に耐え得る史実ばかりが扱われているわけではない。物語としての「面白さ」を引き出すべく、さまざまな脚色や創作が加えられている。現に『獅子の時代』は、明治維新期の政治・社会状況を押さえつつも、主人公は架空の人物だった。

だが、読み手や視聴者の多くにとって、これらにふれることは「歴史を学ぶ」ことと同義だったのではないだろうか。その証拠に、一九七〇年代半ば以降の大衆歴史雑誌や『プレジデント』は、毎年のように大河ドラマとの連動企画を組んでいた。司馬遼太郎や松本清張をはじめとした歴史小説作家がこれらの雑誌で取り上げられることも少なくなかった。歴史小説や歴史ドラマを通じて「歴史」を学び、ときに「生き方」を考えようとする動きは、それなりに広範に見られた。それは、学術的な史書・思想書を手に取るエリート的な教養主義とは異質かもしれないが、そこに大衆教養主義的なものを嗅ぎ取ることは、難しくない。

また、大衆歴史ブームの主たる担い手が若年層というよりは中高年層であったことも、重要である。たしかに、大河ドラマや歴史小説は幅広い年代に受容されたが、中高年層のオーディエンスが多く存在したことも事実である。『プレジデント』の読者層は明らかに企業や工場の管理職層であったし、大衆歴史雑誌の読者投稿欄には中高年層の投書が多く寄せられていた。だとすれば、彼らがかつて若い頃に教養主義的なものをくぐった層だったことは、十分に想像されよう。もちろん、その読者・視聴者のなかには、大学を出た者もあれば、高卒の者もいたことだろう。だが、中卒層でも、かつて人生雑誌を手に取り、青年団の読書会に出入りしていた層であれば、歴史小説や歴史ドラマ、大衆歴史雑誌は、縁遠いものでもなかっただろう。

裏を返せば、大学キャンパスや若者文化において教養主義の風潮が薄れつつあったなか、総じて前の時代に教養主義をくぐった中高年に支えられていたのが、当時の大衆歴史ブームであった。ことに「昭和五〇年代」は、大衆教養文化の高揚期を担った若者たちが四〇代に達していた時期だった。高度経済成長を経て一定の物質的豊かさを享受する一方、仕事や家庭生活においてある程度の見通しや割り切りを抱きつつあった年代である。そうしたなかで、二十数年前の若い時分に浸った教養を懐かしく思い返すこともあっただろう。「かつての若者」たちの教養への憧憬・関心は、「昭和五〇年代」の大衆歴史ブームのなかに溶け込んでいたのである。

だが、それにしてもなぜ、この時期の中高年の教養として残存したのが「歴史」だったのか。そこには「参入障壁」の低さがあった。

抽象的な思想・哲学・文学などは、理解し、味読するのに、時間的・精神的な忍耐を要する。まだしも体力や時間に恵まれていた若いころに比べ、中高年になると、現場実務のみならず管理業務が重なり、精神的な負荷が増す。さらに休日も家族や親族と過ごすことが多いだけに、難解な人文書に向き合うことは、時間的にも精神的にも体力的にも容易ではない。「生」「真実」といった青春期の問題関心も、日常生活で労苦を重ね、また、良くも悪くも人生の見通しが定まってくるなかで、薄れてくるのは避け難かった。

それに対して、「歴史もの」は、まだしも手に取りやすいものであった。たしかに、実証史学であれば、古文書を読みこなし、地道に史料批判を重ねる作業が求められるものだが、歴史読み物にふれるだけであれば、そうした労苦を経ることなしに、史的な流れや歴史人物の思考(と思しきもの)を味読することができる。後年のものではあるが、『歴史と旅』(一九九二年九月号)の「編集後記」には以下のような記述がある。

思えば歴史は門戸の広い世界だ。なにしろ数学や科学と違って定理というものがまるでない。説得力、証明力さえあれば誰もが異議を唱えていい。外に出て史跡をみて「なぜ、どうして」と思えば、もう立派にその世界の人。泡沫意見なんて言わせない。本号をご覧あれ。

歴史ブームで提供される「歴史」の「参入障壁」の低さを暗示する記述である。「本号をご覧あれ」という記述からもうかがえるように、「もう立派にその世界の人」と自任できるだけの教養にふれ得るメディアが、歴史雑誌であり、ひいては歴史小説や大河ドラマであったのである。

階層と学歴をめぐる断層

こうした大衆歴史ブームには、階層的な軋轢も見え隠れしていた。雑誌・書籍編集と出版社経営のかたわら、『日本古代試論』（一九七四年）・『古事記成立考』（一九七五年）を著すなど、在野の古代史家としても活躍した大和岩雄は、正統的な歴史学者への違和感をこう綴っていた。

> 細部においては素人の論証であるから、学者からの批判を受けねばならないことは多々あろう。しかし、ささいな一面をあげて現存『古事記』は和銅五年に成立したと反論されてはかなわない。私説全体の論旨の反論でなくては困るし、まして素人の意見として黙殺されてはなお更困る。［『古事記成立考』］

大和は『古事記』が平安初期までのあいだに「勅撰書らしく」書き換えられたことを指摘していたが、それを念頭に置いての記述である。師範学校を出たとはいえ、もともとは高等小学校卒業後、旋盤工として働くことになっていた大和は、「就職組的発想」から人生雑誌の編集にあたってきた。それは、彼の古代史研究にも通じるものがあった。知識人への反感と知(および知識人)への憧憬が絡み合いながら議論を紡ぎ出そうとする反知性主義的知性主義を、ここにもうかがうことができる。

研究者としての経歴・学歴を有しないにもかかわらず古代史研究を量産した作家としては、松本清張を思い起こすことができよう。松本清張は『点と線』『ゼロの焦点』などの社会派推理小説を多く手がける一方、『日本の黒い霧』『昭和史発掘』など近現代史ノンフィクションや『古代史疑』(一九六八年)・『遊古疑考』(一九七三年)・『私説古風土記』(一九七七年)といった古代史方面の著作も多かった。

一九〇九年生まれの清張は、小学校時代には中等学校進学への希望を抱いていたが、家計困難のため、望みは叶えられなかった。これをめぐる鬱屈には、大きなものがあった。清張は、『半生の記』(一九六六年)のなかで、道で中学に通う小学校時代の同級生を目にすると、隠れるように身をひそめた経験を綴っている。その一方で、大学講義録を取り寄せたり、夜間の英語学校に通うなど、勉学への憧れもつよかった。しかし、電機会社の給仕の仕事に追われるなかで、それらを持続させることは困難だった。知的な欲求を満たしてくれるものは、読書しかなかった。

清張はのちに、朝日新聞社西部本社で広告図案作成の仕事に携わるが、そこでも「彼ら〔＝おもに大学卒の幹部社員〕の優越意識には鼻もちならぬものがあった」「どんなに有能でも、〔たとえ清張より学歴が高くとも〕中学卒の現地採用者である限り、社内で望みを達することが不可能」という思いをつよく抱いた〔『半生の記』〕。中等以上の教育への憧れがつよかっただけに、清張には、高学歴者による蔑視や差別が露骨に感じられた。

松本清張と大和岩雄は古代史研究を通して交流があったが、学歴エリートへの反発が両者を結びつける側面もあった。大和は、「向学心がありながら、ただ家が貧しいために小学校の高等科に残り、就職しなければならな」かった清張の境遇に自分を重ねながら、「専門の研究者・学者でない私の日本古代史・考古学・上代文学などに関する著書に、松本さんは関心をもってくださった」こととともに「松本さんは、大学教授という肩書に畏敬の目と反発の心をもっていた」ことを記している〔『新版　古事記成立考』〕。

彼らは在野史家として名を成した文化人であり、大衆歴史ブームを牽引した人物でもあった。その文筆活動の奥には、「大学教授という肩書」への「畏敬の目と反発の心」があったのである。さらに言えば、それは「専門の研究者・学者」ではない多くの「歴史好き」にも通じるものであったのかもしれない。「説得力、証明力さえあれば誰もが異議を唱えていい。外に出て史跡をみて「なぜ、どうして」と思えば、もう立派にその世界の人。泡沫意見なんて言わせせない」という『歴史と旅』(一九九二年九月号)の記述にも、「その世界の人」への憧れとともに、「泡沫意見なんて言」う専門的な歴史学者への違和感が透けて見える。歴史ブームという形で「昭和五〇年代」に引き継がれた大衆教養文化は、かつての勤労青年の「就職組的発想」にも通じる反知性主義的知性主義を内包していたのである。

知の断片化と自己目的化

とはいえ、こうした大衆歴史ブームは、知を断片的に消費する態度にもつながっていた。大衆歴史雑誌は、ある号では戦国時代を扱ったかと思えば、翌月は古代史、その翌月には幕末・維新期など、号によって扱う時代・テーマがまったく異なっていた。たとえば、一九七七年の『歴史読本』の特集テーマは、「日本史なまえ総覧」(一月号)、「大村益次郎と七七人の志士」(二月号)、「信長・秀吉・家康　七七の謎」(三月号)、「邪馬台国　一一〇の知識」(八月号)といったものであった。「歴史」を扱う点で一貫性はあったものの、それ以上に各号に通底するものはあまり見られなかった。

読者投稿でも、刀剣、城郭、家系・家紋、古代など関心はさまざまであり、その先にどのような思考が広がろうとしているのかは、不明瞭であった。たとえば、自身の姓の滝田姓について調べているというある読者は、『歴史読本』(一九七五年新年特別号)の投稿欄で、「滝田姓の系譜と家紋、および全国に散らばる滝田姓の分布状態を知りたいので、滝田姓の方、またはこの姓についてご存じの方、ご教示ください」と記していた。「滝田姓について知りたい」という関心が自己目的化し、「歴史」への関心がそのこと以上に広がらない状況が透けて見える。

裏を返せば、断片的な知識の消費は、「歴史」への関心ゆえに導かれるものでもあった。歴史は「何が史実なのか」という関心に基づくものであるため、ともすれば事実への関心のみが閉鎖的に消費されることを導きやすい。城郭であれ家紋であれ、知識は深められても関心がそれ以上には広がらず、そこで思考が止まってしまうことは、大衆歴史ブームでは珍しくなかった。

「そちこちの研究会の講師や案内人を行って」きたある読者は、こうした状況を批判的に論じているが、その記述には断片的な「歴史」の消費の問題が如実に綴られている。

近年の歴史研究はブームというより、ある種の狂的なものが混入している感じがしないでもない。街々の書店には歴史物の書物や研究書が氾濫気味といえるほどで、研究熱心な者にとってはありがたい限りであるが、良いことづくめばかりではない。

私も数年来、そちこちの研究会の講師や案内人を行ってきたが、自己の家系と地方名族や大名の系図との付会接合にのみ熱心な研究者、幕末から戦前にかけて出版された戦記物や講談調の書物を正史と信じ、現代の研究書から学ぶことをしない頑迷な人、神社仏閣を回っては写真を撮り自信満々の歴史家、伝説伝承縁起物しか念頭にない物知り郷土史家、さらに講演会研究会の席上で私語、居眠りを平気でする研究姿勢・方法以前の基本的マナーに欠けるひとの多いことに驚いている。〔『歴史読本』一九七五年新春特別号〕

家系・系図への断片的な史的関心や、自分にとって好ましい伝説伝承の類を史実と受け止める姿勢は、ともすれば「現代の研究書から学ぶことをしない」傾向を生み出しがちだった。一方で、「会に出席することが地方の名士たる資格」ともなっており、ある種の教養への憧れを満たす側面もあったが、そのことは自己充足的な「歴史」への関心に閉じる傾向をも生み出していた。大衆歴史ブームは、ともすればこのような閉鎖性を帯びており、「読書を通じた人格陶冶」とは異質な「知の断片化」に行き着くものでもあった。

もっとも、『プレジデント』のようなビジネス誌であれば状況はやや異なり、「歴史人物」を通して「生き方」を考えさせる側面があった。「連合艦隊の名リーダーたち」「現代の「参謀学」」といった特集テーマも、そのことを物語る。しかし、それは組織人としての行動のあり方を考えさせるものではあっても、それを超えて社会への批判的関心に行き着くものではなかった。かつての青年団や定時制、人生雑誌における教養文化は日常の生活や労働の先にある社会を問うものであったが、ビジネス誌の歴史人物特集は、あくまで組織のなかでの「生き方」に留まりがちであった。

こうした大衆歴史ブームも、バブル経済期を経て二〇〇〇年代にもなると、その終息は明らかとなった。二〇〇一年には『歴史と旅』が休刊した。『プレジデント』も二〇〇〇年代に入ると歴史をテーマにした特集はほとんど見られなくなり、特集「大公開！なぜか夢が叶う人の「行動計画」」(二〇〇五年一月号)といった実利的なテーマが目立つようになった。『歴史読本』は二〇一五年まで刊行が続いたものの、二〇〇〇年代以降は発行元が中経出版やKADOKAWAに点々と変わるなど、往時の勢いは見られなくなっていた。折しも、一九六〇年代までに大衆教養主義をくぐった世代が定年を迎え、社会の第一線から退くようになる時期であった。大衆教養主義は、大衆歴史ブームなどに変質しながら、「昭和五〇年代」の中高年層に受け継がれていたが、彼らが社会の主要な担い手から外れていくなか、ひっそりと消失していった。

とはいえ、繰り返しになるが、「昭和五〇年代」に隆盛を見せた大衆歴史ブームは「知の断片化」を伴いやすかった点で、かつて勤労青年たちによって支えられた大衆教養主義とは異質だった。青年団の読書会にせよ人生雑誌にせよ、人文系の知にふれながら、「生き方」や社会を捉え返そうとする営みが見られた。定時制は、あくまで高等学校課程の教科を学ぶ場ではあったが、それも労働や社会のあり方を問いただすための基礎として位置づけられるむきがあった。しかし、大衆歴史ブームには、ときに知識それ自体の消費に閉じる傾向も見られた。たしかに歴史小説や大河ドラマ、『プレジデント』等では、「歴史」を通して「生き方」を考える動きも見られた。知識人への憧憬と違和感が綯い交ぜになった反知性主義的知性主義がうかがえる動きもないではなかった。しかし他方で、「知の断片化」も進みつつあった。「昭和五〇年代」の大衆歴史ブームは、一面ではそれ以前の大衆教養主義を受け継ぐものではあったが、かつてのような大衆教養主義が成立しがたいことも、また浮かび上がらせていたのである。

エピローグ
格差と教養の乖離

青年学級テキスト『人類の文化』
(1952年)

「キューポラの時代」

かつて『キューポラのある街』(一九六二年)が多くの共感を呼んだことは、教養文化の戦後史を考えるうえで、象徴的である。定時制進学を決意したジュンは、両親に対して「だけど母ちゃん、昼間[=全日制]にはないような凄く頑張り屋でいかす人がいるわよ」「たとえ勉強する時間は少なくても、働くことが別の意味の勉強になると思うの。いろんなこと、社会のことや何だとか」と語っていた。大学進学や就職・昇進といった「実利」に突き動かされるのではなく、それを超越した「いろんなこと、社会のことや何だとか」を模索しようとする。そのことが、「昼間にはない」ような価値を帯びたものとして、社会的な共感を生んでいた。学歴エリートとは異なる層の人々が「教養」を求める時代が、かつては存在していたのである。

そのような大衆教養主義を下支えしたのが、青年団・青年学級や定時制、そして人生雑誌であった。青年団や青年学級では、政治・社会に関する講演会や討議が行われたほか、文学・思想等の読書会もしばしば見られた。定時制通学は、学歴取得というよりは、「豊かな教養を身につけることによって、人間形成を願」うという「自己完成のみを目的とした非実利的な動機」に、しばしば突き動かされていた。人生雑誌では、読者投稿を通して「真実の生き方」が論じられたほか、文学・思想・社会科学に関する識者の論考も掲載され、ピーク時には主要二誌で発行部数は一五万部ほどに達していた。いかなる「教養」に接するかはそれぞれであったとしても、「読書や人文知を通した人格陶冶」「実利を超越した教養」といった価値観は、義務教育以上に進めなかったノンエリート層にも一定の広がりを見せていた。そして、こうした勤労青年の教養文化に盛り上がりが見られたのが、戦後初期から高度経済成長期前期にかけて、つまり「昭和二〇年代・三〇年代」の時期であった。

これらを支える要因として大きかったのは、進学をめぐる鬱屈だった。戦前期であれば、旧制中学校への進学率は七パーセント、高等女学校などを含めても四分の一程度に過ぎなかったが(一九四〇年)、戦後一〇年にもなると、新制高校への進学率は半数に及んだ。そのことは、学業成績が必ずしも上位でない生徒でも少なからず高校に進む状況をもたらした。当然ながら、家計困難のゆえに高校に進めない青少年の胸中には、「なぜ自分より成績の低いヤツが高校に行けるんだ」という思いがつよくかき立てられた。

中学校における就職組と進学組のありようも、こうした鬱屈を累積させた。受験を控えた中学三年次の教室では、進学組と就職組は分け隔てられ、教科の時間数にも差が設けられがちだった。就職組の生徒にしてみれば、人生で最後になるかもしれない学校教育の時間であったはずだが、彼らはしばしば勉学から疎外された。進学組が受験勉強に勤しんでいるあいだ、自習と称して放任され、ときにはグランドの草むしりなどに従事させられた。進学組の就職組に対する蔑視も露骨であり、両者の暴力沙汰はしばしば報じられた。

そこでの鬱屈を少しでも和らげようとしたのが、青年団・青年学級であり、定時制であり、人生雑誌であった。何らかの知的なものにふれ、進学組に劣っていないことを自らに証し立てるものとして、これらが求められたのであった。

背後の力学の相違

とはいえ、教養文化を下支えする社会背景には、さまざまな相違やねじれも見られた。青年団や青年学級が盛り上がりを見せた背後には、戦争の余波と農村問題があった。兵士たちの復員に加えて、都市経済の混乱、食糧難もあって、多くの青年たちが農村に帰郷した。彼らの戦争をめぐる怨念や戦後への戸惑いが、青年団・青年学級を立ち上げ、読書や討議の場を生み出した。他方で、「農村改良」「二三男問題」「嫁姑問題」「公明選挙」など、農村固有の問題が扱われることも多かった。裏を返せば、これらの問題に向き合い、また、農村の閉塞から逃れるべく、人文科学や社会科学への関心が導かれていた。

関心の年代差が見られたのも、農村の特徴であった。一〇代半ばの時期には、「国語」「数学」「英語」などの教科への関心が根強く見られた。だが、二〇歳前後にもなると農業・農村関連の関心が目立つ傾向があった。中学を卒業して間もない青年たちは、進学組に遅れをとるまいと、学校の学科に近い領域に執着しがちだったが、卒業から数年を経て、農村で生きていくことへの諦めが生まれると、「農村という社会」への関心が生み出された。とはいえ、それらも一面では「進学者そのほかからとりのこされたという感情の補償」を求めるものであった。

それに対して定時制は、総じて都市部を中心としたものだった。一九五〇年代半ばに高度経済成長に差し掛かるなかで、農村部から都市部に多くの若年労働力が移動した。彼らの「進学をめぐる鬱屈」を吸収したのが、定時制であった。集団就職などで農村から都市部に移動した勤労青年の多くは中小・零細企業で働いたが、労働環境や待遇は劣悪で、そのゆえに離転職が繰り返された。かといって、定時制高校を卒業したところで、好条件の企業への転職や昇進はほとんど見込めなかった。こうしたなかで「進学組への鬱屈」をまだしも和らげたのが、「豊かな教養を身につける」「自己完成のみを目的とする」というロジックであった。

他方で、大企業に養成工等として就職できた勤労青年は、厳しい競争を勝ち抜いただけに、一定の自負を持つことができた。養成所で「教養」が扱われたことも、彼らをいったんは満足させた。しかし、数年の勤務を経るなかで、上級者への服従を強いるような企業社会のあり方や学歴に伴う職員―工員のヒエラルヒーを目の当たりにした。そのことへの違和感が、「真実」「教養」への関心となって、彼らを定時制へと導いた。

しかしながら、青年団・青年学級や定時制が抱えきれなかった層が存在したことも事実である。そうした層に支えられていたのが、人生雑誌であった。

青年団・青年学級にしても定時制にしても、地理的・時間的な制約がつきまとっていた。居住地からの距離の問題や勤務の都合で、これらに通うことができない勤労青年は多く見られた。かりに通うことができたとしても、そこに物足りなさを覚える青年も少なくなかった。基礎学力や読書量の格差は大きく、設備の不十分さや教師の意欲の欠如もしばしば指摘されていた。それに対し、知識人の論説と読者の「真剣」な人生記録が掲載された人生雑誌は、通学の制約がないだけではなく、青年学級や定時制への飽き足らなさを穴埋めし、「大学なみの教養」に接近していることさえ感じさせるメディアであった。

青年団・青年学級や定時制、人生雑誌は、「昭和二〇・三〇年代」の勤労青年の教養文化を下支えしていた。だが、それが生み出される社会的な力学は、決して均質ではなかった。そこには、都市と農村の相違や雑誌のメディア特性などが複雑に絡まり合っていたのである。

転覆戦略の温度差

進学組への転覆戦略をめぐる温度差も、色濃く見られた。青年学級や定時制は、進学組の劣位にある状態を少しでも緩和させようとするものであったが、必ずしも彼らを「凌駕」することが意図されていたわけではなかった。定時制と全日制とでは平均的な学力に開きがあることは、周知の事実だった。青年学級は学校教育法上の後期中等教育機関ではないので、教学のあり方に柔軟性があったとはいえ、高卒学歴を得られるものではなかった。意欲と基礎学力が高い者もいないわけではなかったが、クラスの雰囲気や学力水準に幻滅し、「このような空気に堪えかねて退級して」いくことも珍しくなかった〔『青年学級のあゆみと展望』〕。兼任教師が多く、しばしば意欲の欠如が指摘されていたことも、青年学級や定時制に共通していた。そうしたなか、定時制高校生や青年学級生たちが「進学組を凌駕する」という言説は、あまり目立つものではなかった。むしろ、「進学者そのほかからとりのこされたという感情の補償」を求める心性が色濃く見られ、そのゆえに彼らは教養を求めようとした。

それに対して人生雑誌では、進学組の優位に立つことが、それなりに意識されていた。「実利を超越した勉学」「求道的な生き方の模索」といった規範は、「想像の読者共同体」を通してつよく読み手に共有されていた。そこでは、「意欲を欠いた教師」や「基礎学力の低い生徒」を目にすることはなく、読み手の誰もが同じ理念を共有していることが前提にされていた。そのことは、実利や試験のための勉強に齷齪（あくせく）する進学組への優位を感じさせた。読者のエッセイ・論説・創作が「査読」を経て市販誌（としての人生雑誌）に掲載されたことは、進学組に勝るとも劣らない筆力や思索の深さを自任させることにつながり、投稿しない読者たちにも彼らと同じ共同体の一員であることを感知させた。また、雑誌には知識人の論説が多く掲載されていたが、それも、彼らを交えた「想像の共同体」に属していることを読者たちに実感させた。

だが裏を返せば、それは誌面に学力格差や意欲の欠如が見えないことによって、はじめて可能になっていた。人生雑誌は試験もなければ対面でのコミュニケーションもないので、誌面には基礎学力や意欲の欠如は見えにくかった。そもそも、「査読」を経た文章のみが掲載されていただけに、基礎的な筆力や「真摯さ」に欠けるものが誌面に載ることはなかった。むしろ、それらに欠ける者は投稿しないどころか、人生雑誌を手に取ることすらしなかっただろう。言うなれば、「教養への憧れ」ばかりが可視化されていたのが、人生雑誌だった。進学組への根強い鬱屈とともに、彼らへの優位や自負が導かれたのも、そのゆえであった。

そこには、反知性主義的知性主義も浮かび上がっていた。人生雑誌には、難解な言葉遣いでもって「知的なもの」を専有しようとする知識人への批判が色濃く見られたが、それは知識人へのつよい反発と憧憬が絡み合うものであった。裏を返せば、知識人と読者たちが同じ「想像の共同体」に所属しており、対等な関係にある(はずだ)という認識のゆえに、反知性主義的知性主義が生み出されていた。知識人はおろか、同世代の進学組に対しても劣位にあることが意識されるような場においては、こうした思考が導かれるのは難しい。その点でも、人生雑誌は勤労青年の教養文化のなかで、特異な位置を占めていた。

「学校民主主義」という鏡

ただ、これらの差異の一方で、社会への批判的な関心がその根底にあった点は、あらためて確認しておく必要がある。二三男問題・嫁姑問題のような農村社会の閉塞や、工場・商店での労働をめぐる問題、ひいては資本主義の矛盾は、青年団・青年学級や定時制、人生雑誌でたびたび議論され、これらに接近する動機ともなっていた。そうした社会批判を生み出す起点として、戦後の小中学校における「民主主義」の存在は大きかった。

戦後の義務教育のなかでは、民主主義的な討議や学級運営は、それなりに重視されていた。もちろん、実態は教師の姿勢や力量によってさまざまであっただろうが、理念としては、権威者による上意下達ではなく、構成員による意見交換と合意形成が重要視されていた。

農村の家父長的な権威主義や嫁姑問題、上司の指示の絶対性ゆえに民主的な討議を欠いた職場のありようへの批判は、勤労青年たちがまがりなりにも義務教育課程で学んだ「デモクラシーの理念」との比較対照から導かれていた。劣悪な労働環境や昇進をめぐる学歴差別を問題視したのも、中学校の社会科で学んだ新憲法の平等の理念や労働法の知識によるものであった。

学校における「戦後民主主義」は、ときに「お題目」に過ぎないことも珍しくはなかっただろう。だが、その「お題目」が、それとの対比で社会のひずみを問いただそうとする勤労青年の思考を育み、それを突き詰めるべく、彼らを書物や討議に引き寄せることとなった。その意味で、勤労青年の教養文化は、戦後の義務教育と地続きの面を有していた。

「格差と教養」という問題系

こうした大衆教養主義には、「格差と教養」という問題系が浮かび上がっていた。高校進学率が五〇パーセントに達しても義務教育以上に進めなかった勤労青年たちは、明らかに格差や貧困に喘いでいた。しかし、勤労青年たちはそれに押さえつけられているだけの存在であったわけではない。格差や貧困に向き合うなかで社会批判への関心が芽生え、時事問題や社会科学に目を見開いていった。進学できなかった鬱屈は大きかったが、そのゆえに、実利に齷齪する進学組に負けまいと、「真実の生き方」を模索し、その延長で文学や思想、哲学にもしばしば関心を広げていた。彼らは格差のゆえに教養から排除されたのではなく、逆に格差のゆえに教養に接近したのである。大衆教養主義は、彼らのこうした心性に支えられていた。

もっとも、彼らのあいだで教養への憧れが生み出された背後には、大学キャンパスにおける教養主義の広がりもあった。戦時期に学問の自由が抑圧され、自由主義やマルクス主義が弾圧されたことが、戦後の高等教育や教養主義に「殉教者効果」をもたらし、大学ではリベラリズムやマルキシズムに基づく教養主義が再び広がりを見せた。そのことは、大衆的な憧れをしばしばしば伴っていた。その意味で、勤労青年の教養文化も、学歴エリートの教養主義と並走するものであったのは間違いない。

だが、勤労青年たちは学歴エリートのように、将来が約束された存在ではなかった。学歴エリートたちも「実利を超越した教養」を求めたが、それは、大学にさえ入ってしまえば、試験のための「ガリ勉」に勤しまずとも、安定的で高い社会的地位を見通せたがゆえに可能になっていた。むしろ、「ガリ勉」でないことを証し立てるのが、「教養」という衣装であった。しかし、勤労青年たちに見通すことができたのは、せいぜい低い社会階層の持続か、さらなる下降であった。農業に長く従事することは、他の職業に転じることを困難にしていたし、中小・零細企業での勤務は倒産や雇用主の恣意的な解雇と隣り合わせだった。大企業での勤務は待遇や安定性の面では恵まれていたが、昇進は大卒・高卒の社員に比べると格段に遅く、長期にわたって最末端の工員であり続けなければならなかった。彼らを取り巻く社会の矛盾と進学をめぐる鬱屈が相俟って、勤労青年の教養文化は紡がれていた。

冷却のメカニズム

とはいえ、これらの教養文化はその高揚期にあっても、冷却のメカニズムを伴っていた。

青年団や青年学級は一九五〇年代半ばの農村で盛り上がりを見せたが、その一方で、青年たちは、進学や教養を毛嫌いする年長世代の圧力にさらされていた。新たな思潮を汲み取ることは、家長や地域ボスの正統性を揺るがすことにつながりかねなかった。そのゆえに、読書会や討議に集う青年たちはしばしば、「アカ」呼ばわりされ、村落で白眼視されることも珍しくなかった。相互監視の目が張り巡らされた村落では、そのことが噂として急速に蔓延するだけに、農村の教養青年が生きづらさを感じたのは当然であった。

これらに加えて、二三男問題や嫁姑問題の根深さは、農村青年の家郷嫌悪をもたらし、彼らの都市移住を促進した。彼らは教養への関心の延長で農村社会のひずみに向き合おうとしていたが、それは彼らを農村から引き剝がすことと表裏一体であった。社会の問題として農村を捉え返そうとすればするほど、展望が開けない農村の状況が可視化され、農村への幻滅さえ生み出された。だとすれば、彼らの教養文化を下支えした青年団や青年学級が先細っていくのは必然であった。都市部への集団就職が拡大し、高度成長へと突き進んでいく一九五〇年代後半以降、青年団や青年学級が急速に衰退したのも、そのゆえであった。

定時制の場合は、勤務との両立の問題が大きかった。同僚が残業をするなか、定時制高校に向かうことには心理的な負担が伴い、職場内の軋轢もしばしば生じた。雇用主や同僚が圧迫を加えることは何ら珍しくはなかった。そのゆえに残業で遅刻・欠席になることも多かったが、そのことは学業の理解不足に直結した。また、勤務の余暇に通学し、勉学に取り組むことは、日常をあまりに余裕のないものにした。予復習に一時間も充てられたらいいほうで、勤務と通学の疲労から、予復習がまったくできないことも珍しくなかった。過労により健康が蝕まれ、職場や定時制を辞めなければならないこともあった。

設備の不十分さや教員・生徒の意欲の欠如も、しばしば見られた。定時制高校の多くは全日制高校に併設されていたが、そこでは全日制との扱いの差が露骨に見られた。図書館や理科実験室は全日制の都合が優先され、教師は平均学力が低い定時制での授業に投げやりになりがちだった。それは、勤務との両立を必死に模索していた勤労青年たちの意欲を削ぐこととなった。

人生雑誌の場合、物理的に青年たちが集うものではなかっただけに、これらの問題は見られなかった。地理的・時間的な制約がない分、勤務との両立に困難を来すこともなかった。だが、労働問題をしばしば扱い、左派的な色彩を帯びていた人生雑誌は、雇用主たちから「アカ」視され、労働運動を惹起させかねないものとみなされた。そのゆえに、人生雑誌を購読する勤労青年に圧迫が加えられたり、なかには解雇されることもあった。人生雑誌は進学組への劣位から脱却し、むしろ彼らへの優位と自負を読者たちに生み出すメディアであったが、そのことが実生活における勤労青年たちの劣位を再生産していた。

勤労青年の教養文化は、たしかに高度経済成長初期までは一定の盛り上がりを見せていた。しかし、それはつねに冷却のメカニズムを抱えるものでもあったのである。

「昭和元禄」と大衆教養文化の衰退

ただ裏を返せば、勤労青年の教養への憧れと冷却のメカニズムは、ひところまでは拮抗していた。たしかに冷却される勤労青年たちも少なくなかったが、その一方で、新たに教養の世界に足を踏み入れようとする後続の勤労青年も生み出された。こうした構造のなかで、勤労青年の教養文化はそれなりに再生産されていた。

だが、一九六〇年代半ば以降にもなると、教養文化の再生産は徐々に立ち行かなくなった。すでに一九五〇年代後半以降、集団就職などで都市部への若年層の流出が進んだ農村部では、青年団・青年学級が衰退し、教養文化を支える場そのものが機能不全に陥っていた。そのころになると、農村から近隣都市に通勤する青年や高卒の青年も青年団・青年学級に参加したが、このことはその場に集う青年たちの関心の分散を招いた。農村の教養文化は、すでに青年層に広く共有されるものではなかった。

定時制高校も、六〇年代半ば以降になると、生徒数が急速に減少した。高度成長のなかで全日制高校への進学率が高まり、定時制高校は「家計困難のゆえに高校に行けない勤労青年」というよりは「全日制に合格できなかった生徒」を多く抱えるようになった。全日制との基礎学力の格差は前にもまして拡大した。読書を必要とする教養が、学校での勉学と親和性が高いことを考えれば、それへの憧憬を維持することは、もはや困難だった。むろん、それでも経済的な理由で高校に進めなかった層も見られたが、消費文化の浸透や労働条件の改善が進むなか、教養に自己の拠り所を求める層は確実に少なくなった。

そのことは、人生雑誌が衰退した要因にも通じていた。「マルクスみかん水」と揶揄された微温な左派色が「政治の季節」にそぐわないとみなされたことも、社会的な支持を減らした理由のひとつではあった。だが、何より高校進学率の上昇によって、地理的・時間的に勉学や教養にふれ得ない層が減少したことが、決定的に大きかった。

時を同じくして、大学キャンパスでも教養主義は凋落を迎えつつあった。高等教育への進学率もかつてに比べると大きな伸びを見せるなか、大学キャンパスに集う者たちのあいだでも、教養は憎悪の対象にはなっても、共感の対象とはなり得なかった。

これらが重なり合いながら、勤労青年の教養文化は衰退していった。むろん、青年団・青年学級と定時制、人生雑誌とでは、その衰退が始まった時期や要因には微妙な相違も見られた。進学率の上昇のほか、都市と農村の変容、雑誌のメディア特性など、さまざまな社会背景が絡み合いながら、「就職組的発想」に根差した教養文化は顧みられなくなっていった。

このことを考えるうえで、『未成年――続・キューポラのある街』（一九六五年）は示唆深い。この映画は文字通り、『キューポラのある街』の続編として製作されたが、むしろ、それとの対照性が際立っている。

第3章でもふれたように、大手カメラ工場で働きながら定時制に通うジュンは、当初は大学進学も見据えながら勉学に励み、学業成績も優秀だった。しかし、工員から事務職に配置転換されることに満足を見出すサヨや、地方出身で都市部の遊興の世界に染まっていくユリ子、そして高度成長下の景気の波に翻弄されながら不安定な生活を送るしかない家族や幼なじみを目の当たりにしながら、ジュンは勉学の意味を見失い、定時制高校の退学を決意する。エンディングでは、「学校をやめても働いている仕事の中でしっかり勉強していけると、私は信じているわ」という、一見前向きなモノローグが流れるものの、画面に映し出されるジュンの無表情や、不協和音を帯びたバックの音楽の重さは、かえって、モノローグの奥にある空疎さや苛立ちを際立たせていた。定時制で「いろんなこと、社会のことや何だとか」「別の意味の勉強」を吸収することに明るい希望を抱いていた『キューポラのある街』とは、明らかに対照的な終幕であった。大衆教養文化が盛り上がりを見せていた第一作(一九六二年)の時代と、それへの社会的共感が薄れ始めた第二作(一九六五年)のずれを見出すことができよう。

「中年文化」への移行

かくして、進学率が上昇し、教育の大衆化が進んだ一九七〇年代以降、格差と教養の結びつきは見えにくくなった。実際には、上級学校への進学意欲が失われることと貧困とは結びついていたが、「一億総中流」「飽食の時代」といった時代認識が広がるなか、格差と教養の問題系は社会的に見えにくくなった。上級学校に進めないのは格差の問題ではなく「成績」の問題とされ、学業との親和性が高い教養を非学歴エリートが追い求める風潮は、薄れていった。むろん、大学においてさえ教養主義が没落したことも、それに拍車をかけた。また、高校進学率は九割以上に及ぶようになったが、そこでは「どのような高校に進めるか（普通高校か職業科高校かなど）」が「就職か大学か」「大学であればどこをめざせそうか」など、次の進路を予見させた。その見通せる将来次第で教養への憧れがかき消されたことも、また否めなかった。

ただ、大衆教養主義的なものが青年層のあいだで見られなくなったとはいえ、それらが社会的に消え去ったというわけではなかった。「かつての若者」であった中年層は、多忙な職業実務に追われる一方で、「知的なもの」への憧れをある程度、持続させていた。そのことは、歴史雑誌や『プレジデント』（歴史人物特集）など、「昭和五〇年代」の大衆歴史ブームに垣間見ることができた。哲学・思想のような抽象度の高い「教養」ではないものの、「参入障壁が低い教養」として、かつての大衆教養主義にふれたであろう中年層に広く受容された。歴史小説や大河ドラマも、中年層にとどまるものではないとはいえ、彼らの「歴史という教養」への関心を下支えしていたのは、たしかであった。

だが、大衆レベルでの歴史への関心は、必ずしも、広い文脈で「生」や「社会」を捉え返すものではなかった。むしろ、「時代」や「事象・事物」ごとに断片的な知の受容を生み出した。その意味で、大衆歴史ブームは、かつてのような大衆教養主義とは異質だった。

後続世代でも、大衆教養主義を支える層は生み出されなかった。二〇〇〇年代には大衆教養主義にふれることのなかった世代が中年層に達し、中年文化においてさえ、かつてのような「知的なもの」への憧れは見られなくなった。主要歴史雑誌の休刊も、それに沿うものであった。

格差と教養が交わらない社会

こうした経緯を経て、格差と教養の結びつきは、社会的に失われていった。いまや「格差に喘ぎながらも、いかに教養を身につけるか」という規範は、社会的に見られなくなって久しい。かつて絶賛された映画『キューポラのある街』に共感する若者が少ないことも、それを如実に物語る。では、こうした文化史が、現代を考えるうえで、いかなる含意を持つのか。それは、人文知を下支えする大衆的な基盤の喪失ということに尽きるだろう。

格差と教養の結びつきが、とくに一九六〇年代半ば以降、失われたことで、「ノンエリートであるにもかかわらず、人文知を模索しなければならない」という価値規範は急速に消失していった。人文知（あるいはそれに近い領域の社会科学の知）は、大衆的な支持基盤を失い、ごく一部の知識人のみに閉じる傾向が顕著になった。

そうなると、「人々の生や社会のあり方を、目に見える範囲を超えて、深く、多角的に、かつ根拠に基づいて思考しなければならない」という規範の社会的な共有は難しくなる。SNS等を通して、知識人ならずとも、自らの思考を公にすることは容易になったが、そこでは、論理性や根拠を欠いた思い込みのようなものも、広く流通している。排外的なナショナリズムや史実への目配りを欠いた歴史認識が多く出回り、「フェイク・ニュース」の広がりは加速している。何かを吸収し、発信するうえで、「自らの知識や理解が十全ではないことを認めたうえで、それらを高める努力をしなければならない」という謙虚さは、そこには見られない。かつて見られた教養への憧憬は、一面では、こうした謙虚さのあらわれでもあった。

さらに言えば、実利に直結しない人文社会系の知が人々から乖離し、浮き上がってしまうことは、社会を長期的な視野で捉え直す営みが薄れることにつながる。社会のひずみは、そう簡単に解きほぐせるものではない。長期的な視野で多角的に、そして地道に粘り強く思考することを積み重ねるしかない。それを避けて性急な「解決」を求めることは、しばしば自国中心主義的で「他者」の痛みを顧みないポピュリズムにも結びつきやすい。物事を俯瞰し、相対化する人文社会系の知への関心が人々から遠のく現状は、こうした動きとも無縁ではない。

「勤労青年の教養文化史」と現代

「格差と教養の接合」という論点は大衆レベルにおいて失われているだけではなく、今日の格差・教育をめぐる議論のなかでも、見失われている。たしかに、学歴と格差の結びつきは、近年多く指摘されており、「低所得層が高等教育を受ける機会をどう保障するか」については、政策レベルでも一定の議論が積み重ねられている。しかし、そこでは往々にして、「進学を通じて、職業選択の幅を広げ、社会階層の上昇をいかに実現するか」ということが念頭に置かれ、教育は暗に職業選択などの実利に従属するものとして位置づけられている。

二〇一九年五月には、低所得世帯の学生を対象にした「高等教育無償化」法案が国会で可決されたが、その対象となる教育機関は「実務経験のある教員」による一定の授業配置を要することとされた。そこでも、教育論議が産業振興や職業実務・社会上昇といった実利に従属していることがうかがえる。さらに言えば、高等教育に進む選択をしない層が世代人口の半数を占めるにもかかわらず、彼らをどう下支えするのかという問題は抜け落ちている。

むろん、教育を通して階層格差をどう是正していくのかという論点が重要であることは言うを俟たない。だが、「ノンエリートの青年層が「短期実利に直結するのではない何か」をどう学ぶべきか」という問いがあまり顧みられていないのも、また事実である。「格差と教養」「進学できない人々が学ぶ場をどう整備するのか」という問題系は、大衆レベルのみならず、アカデミックな議論や政策論議においても見失われている。

勤労青年たちが教養に憧れを持ち得た「キューポラの時代」はいまや、過去のものでしかない。現代は進学率も社会状況も、そしてメディア環境もまったく異なっているだけに、「格差と教養」をめぐる規範が今後、再び大衆的な広がりを持つことは、おそらくないだろう。人文社会系の知が、人々の支持や関心を失い、ますます孤立することも、十分に予想される。その意味で、本書の結論は至ってペシミスティックなものでしかない。

だが、未来に希望や可能性を見出したいのであれば、悲観すべき過去や現在から目を背けるべきではない。「格差に喘ぎながらも、人文知にふれて、あるべき生や社会を思考する」ということは、現実を遊離した夢物語のようにも聞こえる。しかし、こうした理念を支える裾野は、かつては相応の広がりを有していた。その史実を鏡として、現代の「格差と教養」の問題をどう照らし出すのか。

かつて人文知は、インテリ層のみに支えられるのではなく、格差に喘ぐ若者たちによっても下支えされていた。「格差と教養が結びついていた時代」から遠く離れるなかで、現代のわれわれは何を失ったのか。勤労青年の教養文化史は、ノスタルジックな「キューポラの時代」の挿話ではない。むしろ、きわめて現代的な課題を批判的に映し出すものである。

あとがき

映画『キューポラのある街』(一九六二年)での担任教師(加藤武)の言葉は、教養文化史を考えるうえで興味深い。高校進学の望みが断たれて荒れるジュンに対し、担任教師はこう一喝する。

生意気なことを言うもんじゃないよ。受験勉強だけが勉強だと思ったら大間違い。高校へ行かなくても勉強はしなくちゃいかんのだ。いいかジュン、働いてでも何をやってでもだな、そのなかから何かをつかんで理解して、付け焼刃でない自分の意見を持つ。そいつを積み重ねていくのが、ほんとうの勉強なんだ。昼間の高校へ行けなかったら、働きながら定時制へ行ったっていい。それがだめなら通信教育を受けたっていい。気持ちさえあれば、どこでどうやったって勉強はできるんだ。全日制の高校に進むことだけが勉強だと思ったら大間違いだ。

「働いてでも何をやって」でも「そのなかから何かをつかんで理解して、付け焼刃でない自分の意見を持」ち、それを「積み重ね」なければならない。学歴や就職、昇進といった実利を超越して「何かを学ぶ」ことを模索する求道的な姿勢を、そこに見ることができる。

今日の「格差と教育」をめぐる議論は、これとは異なっている。学歴取得が出身階層にいかに規定されているか。それは、学校卒業後のライフコースをいかに左右しているのか。格差に喘ぐ若者がよりよい就業先や経済的な安定性を確保するために、学歴取得をいかに支援するのか。政策論議であれ、アカデミックな議論であれ、今日の「格差と教育」をめぐる議論は、これらの問題意識に根差している。

しかし、「何をなぜ学ばなければならないのか」という点については、意外に議論されることが少ない。「人文社会系の知はなぜ必要なのか」「格差社会のなかで教養にどう向き合うのか」といった素朴だが根源的な問いは、今日ではほとんど思い起こされることはない。裏を返せば、「格差と教育」を論じることが、結果的に社会における「教養」の存在理由を不問に付すことにつながっている。

かつては格差に喘ぐ状況が、ときに教養への憧れをかき立てていた。進学の望みが断たれても、読書を通して教養を身につけ、人格を高めなければならない。学歴取得や就職のための勉強ではなく、実利を超越した「真実」を模索したい。そうした価値観は、青年団や青年学級、定時制に集ったり、人生雑誌を手にする「就職組」の青年たちに広く見られた。そのゆえに彼らは、日常の仕事には直結しない文学・哲学や時事問題などに関心を抱いた。また、生活を取り巻く格差や劣悪な就労状況を起点に、労働問題や経済・福祉、反戦平和など、社会科学方面の論説にもしばしばふれていた。その意味で、彼らは単に格差に圧せられていただけの受動的な存在だったわけではなかった。

青年団や定時制の資料を眺めながらつくづく実感したのは、これらのことであった。ただ当初は、青年団や定時制で一書をまとめるべきかどうか、少々迷うところもあった。

勤労青年の教養主義については、人生雑誌のメディア史を扱った前著『「働く青年」と教養の戦後史』(筑摩選書、二〇一七年)でも言及している。そのときは、一通りのことは書き終えた思いもあり、当初は別のテーマでの次著執筆を考えていた。もともと、戦後メディア史や戦争体験をめぐる思想史を研究してきたこともあり、その関心の延長で新たな資料を集めつつあったのが、正直なところである。

ただ、前著には盛り込まなかった資料の断片が、いくつか気にはなっていた。青年団の機関誌や研修資料ではしばしば、文学、哲学、反戦運動などの読書会・講演会記録が掲載されていた。定時制高校生への調査資料を眺めていると、進学の動機として、「学歴」よりも「教養」が多く挙げられている。一九六〇年代の新聞では、毎年、入試が近づく時期になると、「就職組」と「進学組」の殴り合いがたびたび報じられた。では、これらを見渡したら、どのような勤労青年の教養文化史が見えてくるだろうか。

そこから現代の課題が想起されることも、しばしばあった。格差に喘ぐ人々が教養を下支えするような状況は、なぜ今日見られなくなったのか。さまざまな「思い込み」が流布し、再生産されるＳＮＳの言説空間を、そこからどう捉え直すことができるだろうか。

そう考えると、すぐに別のテーマに移ることも躊躇（ためら）われた。前著を書き終えて間もないこのタイミングで書かなければ、今後、勤労青年の教養文化史をこれ以上掘り下げずに終わってしまうかもしれない。それは、何か重い問いを投げかけているような史資料を、埋もれさせてしまうことにもなりかねない。また、先述のように、「格差と教育」をめぐる昨今の議論に対して、思うところもないではなかった。その意味で、本書は前著の続編ではあるが、同時に、そこでは十分に扱えなかった勤労青年の教養文化史の多様性を描こうとしたものである。

前著の刊行をきっかけに、知人や読者からお手紙をいただいたり、インタビューの機会を持つことができたことも、執筆に踏み切るうえで大きかった。

ある読者にいただいた手紙には、父親が戦争で亡くなったため、進学を断念して働きに出た亡兄のことが綴られていた。そのおかげで弟たちは大学等に進むことができたわけだが、少年時代には兄が悔しさに必死に耐えようとする姿をひそかに垣間見たこともあったという。その読者の方は、すでに定年で大学を退いているが、その分野の大家と言うべき研究者である。勤労青年の鬱屈と知への憧れが、弟妹たちが高等教育にふれる状況を下支えしていた。そのことがつよく印象に残った。

京都や広島、東京などで、かつて緑の会（『人生手帖』の読者サークル）に集っていた方々の集まりに参加させていただいたこともある。ある出席者はそこで、家計困難のゆえに高校に進学できなかった悔しさと、せめて本にふれたいという思いから、中学卒業後に上京し、古書店に就職したことを語っていた。いまや七〇歳を上回る年齢と思われるが、文学・社会科学方面の読書量の厚さを、話の端々に感じたものである。別の方は、中学卒業後に工場に勤務するなか、労働者を取り巻く社会問題や組合活動に関心を持つようになり、その基礎を培うべく、定時制高校に進学したことを回想していた。そのことがのちに、市政での活動につながったという。

人生雑誌に閉じない勤労青年の教養文化史を描こうと思った背後には、これらのこともあった。本書を執筆する際にも、たびたび脳裏をよぎったものである。

もっとも、定時制や青年団・青年学級の資料の収集は容易ではなかった。まとまった先行研究は学校教育史に比べればはるかに少ないので、各地の図書館や文書館で資料を掘り起こし、史的変遷やその社会背景を基礎から勉強することになった。同時に、こうした作業のなかで、数少ない先行研究（巻末の参考文献欄参照）がどれほどの労苦を払いながら史料を発掘してきたのかを感じ取ることができたし、当然ながら、それらの研究に学んだものも少なくない。

古書店でも、戦後初期の青年団機関誌や定時制高校生の手記集、関係団体の調査報告書など、関連しそうな資料をやみくもに買いあさった。それらを通読するなかで、時折、驚くような史実に気づかされることもあり、資料収集のおもしろさを改めて実感したりもした。ことに、当事者の手記には、感情移入したこともしばしばだった。抑制的な筆致に努めたつもりだが、本書の記述のなかに、いくらかその思いも滲んでいるかもしれない。

ただ、筆者はあくまでメディア史や歴史社会学を専門にしており、教育史や格差・労働の専門研究者ではない。それだけに、思わぬ瑕疵もあるかもしれず、それは読者のご批判を待つしかない。とはいえ、青年学級史や定時制史のみに閉じることなく、勤労青年の教養文化史を俯瞰し、そのねじれや変容の力学を析出した研究がなかったのも、事実である。関連する個々の専門領域や当時の体験者の方からは、また異なる見方もあるかもしれない。だが、まずは農村の社会変容や労働史、メディア文化史等にも目配りをしながら、全体像を整理し、社会的なメカニズムを素描することは、じつは不可欠な作業のように思う。個々の体験の位置づけも、それを経て初めて浮かび上がるものである。本書への批判も含め、新たな議論が生み出され、勤労青年の教養文化史がより精緻に描き出されることに資するのであれば、望外の喜びである。

＊　＊

本書は二〇一九年の春から夏にかけて、一気に書き下ろしたものである。構想自体は前著

『「働く青年」と教養の戦後史』(二〇一七年)を上梓したのち、少しずつ練ってはいたが、折しも勤務先でやや重い役職に就いたこともあり、二年ほどは資料を少しずつ集めるのが精いっぱいだった。もっとも、勤労青年たちの手記を眺めていると、さらなる時間的な制約のなかで読書や勉学を重ねている記述も散見され、そのことが執筆を進められないことへのプレッシャーにもなっていた。原稿執筆そのものが役職を終えて半年ほどで進んだのも、いまにして思えば、勤労青年たちの「無言の圧力」をうっすらと感じていたゆえのことなのかもしれない。

なお、人生雑誌を扱った本書第3章の一節・二節については、前著との内容面での重なりもある。青年団・青年学級や定時制との相違を意識して記述したので、新たに書き下ろしてはいるが、人生雑誌史については前著に依拠していることを断っておきたい。

本書執筆のうえでは、多くの方々にお世話になった。京都若葉緑の会の山中照雄氏の紹介を得て、同会の大西秀郎氏には『人生手帖』後半期のバックナンバーを譲っていただいた。前著で人生雑誌に関する資料はそれなりに集めたとはいえ、約一五年分の雑誌を遺漏なく手元に置くことができたことは、研究を進めるうえで大きかった。本書では扱わなかったが、『人生手帖』の地域読者サークルとして発足した同会が、同誌廃刊後、雑誌『PHP』の読者会(PHP友の会)に転じていった背景についても、会員の方々からうかがうことができた。

広島緑の会の松井邦雄氏・佐伯利明氏、足立緑の会の高橋栄子氏・大里富夫氏をはじめとした方々にも、当時の貴重なお話を聞かせていただいた。本書のなかでは直接言及してはいないが、勤労青年をとりまく社会環境や当事者の思いについて、多くを学ぶことができた。

原稿をまとめあげるうえでは、岩波新書編集部の中山永基さんにたいへんお世話になった。企画の段階からさまざまな助言をいただけたことが、構想を練り上げるうえでじつに有益だった。改めて御礼申し上げます。

本書を執筆していた二〇一九年の「ゴールデン・ウィーク」は一〇連休だったが、原稿の進み具合が気になって、家族と過ごしているときも、やや上の空だったかもしれない。刊行後には、本書にゆかりの深い山形や長野にでも、家族旅行に出かけたいと思っている。もっとも、つい資料にまつわる場所と温泉ばかりをめぐってしまうかもしれず、かえって妻や子どもたちの機嫌を損ねることにならないか、今から気がかりではある。

二〇二〇年二月

福間良明

参考文献

プロローグ

神奈川県立教育研究所編『定時制高等学校生徒の生活意識に関する研究(研究報告第二四集)』神奈川県立教育研究所、一九六一年

竹内洋『教養主義の没落――変わりゆくエリート学生文化』中公新書、二〇〇三年

橋本健二『増補新版「格差」の戦後史』河出ブックス、二〇一三年

福間良明『「働く青年」と教養の戦後史――「人生雑誌」と読者のゆくえ』筑摩選書、二〇一七年

『砂丘』第二号、石川県内灘村青年団、一九四七年五月

第1章

赤塚康雄『戦後教育改革と青年学校――資料で見る機会均等運動の展開』クリエイティブ21、二〇〇二年

池田弘・林邊浩「青年学級はいま　その推移と課題」『月刊社会教育』一九八八年四月号

上木敏郎『土田杏村と自由大学運動』誠文堂新光社、一九八二年

江戸川区教育委員会編『江戸川区の青年学級』江戸川区教育委員会、一九五九年

大牟羅良『ものいわぬ農民』岩波新書、一九五八年

加瀬和俊『集団就職の時代――高度成長のにない手たち』青木書店、一九九七年

神田哲雄「勤労青年学校を提唱する」『社会教育』一九五五年四月号

北河賢三『戦後の出発――文化運動・青年団・戦争未亡人』青木書店、二〇〇〇年

熊本県教育委員会編『続・青年学級の歩み』熊本県教育委員会、一九五五年

小林勇「編集者の回想録20」『図書』一九五二年七月号

斎藤峻「工都岡谷市　川岸地区の青年たち」『月刊社会教育』一九六一年一〇月号

寒河江善秋『村の青年団』ヒューマンサービス研究所、一九七五年

佐藤卓己『物語岩波書店百年史2 「教育」の時代』岩波書店、二〇一三年
佐藤藤三郎「山形の青年学級」『月刊社会教育』一九九〇年一二月号
神保威「石もて打たれし終戦時の思い出」『海軍第十四期会会報』第一二号、一九八五年
全国青年学級振興協議会編『青年学級のあゆみと展望』大蔵省印刷局、一九六四年
仙台管区気象台編『東北地方の気候』仙台管区気象台、一九五一年
高尾野町青年学級「青年学級の喜び」『教育委員会月報』第四一号（「社会教育特集」）、鹿児島県教育委員会、一九五四年一二月
高木護編『やくざ踊り』たいまつ社、一九七八年
鷹野良宏『青年学校史』三一書房、一九九二年
高橋真照『農村の青年学級の運営』地球出版、一九五六年
竹内洋『教養主義の没落』中公新書、二〇〇三年
垂水町柊原青年学級「青年学級生徒のさけび」『教育委員会月報』第四一号（「社会教育特集」）、鹿児島県教育委員会、一九五四年一二月
茶園義男『青年学校論』不二出版、一九九六年
寺島文夫『学歴なし――成功への道』青春出版社、一九五六年
徳永花江「定時制高等学校に学ぶ働く青少年の教育保護福祉対策」『婦人と年少者』第四巻第二号、一九五六年二月
栃木県連合青年団十五年史編集委員会編『栃木県連合青年団十五年史』栃木県連合青年団、一九六一年
中島純『後藤新平「学俗接近」論と通俗大学会の研究――夏期大学運動の思想と実践』中島純、二〇〇三年
長野県青年団運動史編集委員会編『長野県青年団運動史』長野県連合青年団、一九八五年
長野市公民館編『分支館指導者講習会テキスト』長野市公民館、一九五五年
長野市連合青年団編『長野市連合青年団団員研修会資料　第一分科会』長野市連合青年団、一九五八年（長野市公文書館所蔵）
日本青年館調査研究室・日本青年団協議会編『農村青年の実態調査1』日本青年館調査研究室、一九六二年

日本青年館調査研究室・日本青年団協議会編『農村青年の実態調査2』日本青年館調査研究室、一九六三年
日本青年団協議会編『地域青年運動50年史――つながりの再生と創造』日本青年団協議会、二〇〇一年
日本青年団協議会編『日本青年団協議会二十年史』日本青年館、一九七一年
日本青年団協議会『第二回全国青年問題研究集会　第一部会「青年の生活」』日本青年団協議会、一九五六年（本文では『第二回全青研（一）』と略記）
日本青年団協議会『第二回全国青年問題研究集会　第二部会「青年の学習活動」第一分科会』日本青年団協議会、一九五六年（本文では『第二回全青研（二）-一』と略記）
日本青年団協議会『第二回全国青年問題研究集会　第二部会「青年の学習活動」第二分科会』日本青年団協議会、一九五六年（本文では『第二回全青研（二）-二』と略記）
日本青年団協議会青年団研究所編『日本の青年』読売新聞社、一九五五年
日本青年団協議会青年団研究所編『農山村青年教育調査報告書――岐阜県高山市大八賀』日本青年団協議会青年団研究所、一九五六年
日本青年団協議会専門委員会編『渋谷町青年教育調査報告――大都市近郊村の一典型として』青年団研究所、一九五五年
日本農業年鑑刊行会編『日本農業年鑑　一九五五年版』家の光協会、一九五四年
橋本健二『はじまりの戦後日本――激変期をさまよう人々』河出ブックス、二〇一六年
八本木浄『戦争末期の青年学校』日本図書センター、一九九六年
深志学院記録作製委員会編『全国一の学校と――深志学院の記録』深志学院記録作製委員会、一九九二年
福井県連合青年団史編纂委員会編『福井県連合青年団史』福井県連合青年団、一九六三年
福間良明『「戦争体験」の戦後史――世代・教養・イデオロギー』中公新書、二〇〇九年
松田圭純「生き残った青年の手記」『人生手帖』一九五二年一月号
丸山眞男「超国家主義の論理と心理」『増補版　現代政治の思想と行動』未来社、一九六四年（初出は『世界』一九四六年五月号）

三上慶子『谷間の学校』実業之日本社、一九五五年
南小川連合青年団編『南小川青年団沿革史』南小川連合青年団、一九五五年
文部省編『学制百年史』(記述編)帝国地方行政学会、一九七二年
山形市教育委員会・山形市連合青年団編『明日を作る青年たち』山形市教育委員会・山形市連合青年団、一九五七年
山岸進「就職する農村青年と教師」『月刊社会教育』一九六一年四月号
山本茂實「神田塾と深志学院」深志学院記録作製委員会編・発行『全国一の学校と――深志学院の記録』一九九二年
山本和加子『「あゝ野麦峠」と山本茂実』角川学芸出版、二〇一〇年
吉見義明『焼跡からのデモクラシー――草の根の占領期体験』(上下)岩波現代全書、二〇一四年
米田俊彦『新制高等学校定時制課程発足にかかわる長野県の学校沿革史の記述――青年学校と新制高校定時制課程との連続性をめぐって』お茶の水女子大学大学院人間文化創成科学研究科、二〇一〇年
渡辺文雄「長男の悲哀」『人生手帖』一九五六年一二月号
「脱落者相次ぐ青年団」『朝日新聞』(長野県域版)一九五八年一月三一日
『おさしま』創刊号、岐阜県長島青年団、一九五四年
『暁鐘』第二号、静岡県初倉村青年団、一九四七年四月
座談会「青年運動の新しい動力」『月刊社会教育』一九六一年四月号
座談会「長野の社会教育を語ってもらう」『月刊社会教育』一九六一年一〇月号
『砂丘』第二号、石川県内灘村青年団、一九四七年五月
『潮音』第二号、田原町青年会、一九五五年九月
『神田塾資料』松本市歴史の里所蔵

第2章

秋元義郎「技能者養成所の問題」『教育じほう』第八四号、一九五四年一二月
板橋文夫・板橋孝幸『勤労青少年教育の終焉――学校教育と社会教育の狭間で』随想舎、二〇〇七年
今井博「定時制高校の研究(Ⅸ)」『関西教育学会紀要』第二四号、二〇〇〇年

参考文献

今井博「定時制高校通史」『研究紀要』第六号、常磐会学園大学、二〇〇六年
氏原正治郎・高梨昌『日本労働市場分析』(上下)東京大学出版会、一九七一年
碓井正久「青年学級と定時制高校」海後宗臣・牧野巽・細谷俊夫編『講座教育社会学8　社会教育の再編成』東洋館出版社、一九五七年
大場隆広「戦後日本における養成工の役割──デンソーの事例を中心に」『札幌学院大学経済論集』第七号、二〇一四年
大原亨「勤労学徒とともに」中野好夫・坂西志保編『教師』潮文社、一九五七年
大村恵「戦後改革における統一的青年期教育像の成立」『教育学研究』第五六巻第四号、一九八九年
尾形利雄・長田三男『夜間中学・定時制高校の研究』校倉書房、一九六七年
小熊英二『日本社会のしくみ』講談社現代新書、二〇一九年
小野輝夫「デッチ奉公」『葦』一九五五年五月号
加瀬和俊『集団就職の時代──高度成長のにない手たち』青木書店、一九九七年
片岡栄美「戦後社会変動と定時制高校──都市型および農村型定時制高校の変容の比較」『関東学院大学文学部紀要』第六八号、一九九三年
片岡栄美「教育機会の拡大と定時制高校の変容」『教育社会学研究』第三八集、一九八三年
加藤地三「勤労青少年と間借りの定時制分校」『教育』一九五四年四月号
神奈川県立教育研究所編『勤労青年の生活に関する研究──大企業に働く青年の職業生活と教育の機会について(研究報告第一六集)』神奈川県立教育研究所、一九五九年
神奈川県立教育研究所編『定時制高等学校生徒の生活意識に関する研究(研究報告第二四集)』神奈川県立教育研究所、一九六一年
苅谷剛彦『大衆教育社会のゆくえ』中公新書、一九九五年
高等学校定時制通信制教育二十周年大阪記念会編『大阪定通教育二十年記念誌』高等学校定時制通信制教育二十周年大阪記念会、一九六八年

後藤一次「定時制分校の教師として」中野好夫・坂西志保編『教師』潮文社、一九五七年
坂牛哲郎「高校全入運動の背景と現状」『月刊社会党』一九六二年三月号
篠崎五六『進学――この嵐をどうきりぬけるか』麦書房、一九六三年
清水勇『定時制高校教育の現状』東日本新聞社、一九六八年
須藤克三「集団就職をめぐって」『月刊社会教育』一九六一年四月号
全国教育研究所連盟編『勤労青年の生活――中学校卒業後五か年間における職業生活の推移と教育の機会に関する研究』東洋館出版社、一九五九年
第一二回全国高等学校定時制通信制生徒生活体験発表大会事務局編『誇りある青春――働く高校生の生活と意見』第一二回全国高等学校定時制通信制生徒生活体験発表大会事務局、一九六五年
第一三回全国高等学校定時制通信制生徒生活体験発表大会事務局編『誇りある青春――働く高校生の生活と意見 2』第一三回全国高等学校定時制通信制生徒生活体験発表大会事務局、一九六六年（本文では『誇りある青春2』と略記）
高塚暁『定時制――学校と生徒の谷間』三一書房、一九六〇年
田村重武「定時制の問題点（その1）」『研究紀要』第一六号、北海道教育研究所、一九五六年一二月
定通教育十周年記念会編『定通教育十周年記念誌』定通教育十周年記念会、一九五八年
東京都教育委員会編『定時制高等学校に関する調査　昭和三三年二月現在』東京都教育委員会、一九五八年
東京都教育庁学務部高等学校教育課編『都立定時制高校の現状と課題』東京都教育委員会、一九七七年
栃木県立佐野高等学校「本校に於ける夜間照明の実態」『教育月報』栃木県教育委員会、一九五四年一〇月号
野呂隆「雇い主たちはこうみる――青年に期待をかける小企業主」『月刊社会教育』一九六一年四月号
毎日新聞社社会部編『教育はみんなのもの』毎日新聞社、一九五七年
前田崇「定時制高校に関する歴史的研究の歴史・現状・課題」『アジア文化研究』第一六号、二〇〇九年
前田崇「戦後復興期から高度経済成長期の社会変動と定時制高校の社会的機能の変容」『日本学習社会学会年報』第五号、二〇〇九年
前田裕由「中・小企業の雇い主たち・青年たち」『月刊社会教育』一九六一年四月号

文部省編『中学校学習指導要領』(昭和三三年改訂版)明治図書出版、一九五八年
文部省調査局統計課編『定時制課程(夜)生徒の生活実態調査』文部省調査局統計課、一九五七年
文部省・兵庫県教育委員会・神戸市教育委員会『昭和三三年度全国高等学校定時制教育通信教育研究協議会研究報告書』文部省、一九五九年(本文では『昭和三三年度全国定通協報告書』と略記)
山口覚『集団就職とは何であったか』ミネルヴァ書房、二〇一六年
横倉貴司「定時制高校にもっと理解を!」『人生手帖』一九六五年一〇月号
読売新聞社婦人部編『二つの学校』東洋館出版社、一九六四年
労働省婦人少年局編『印刷及び製本業に使用される年少労働者の実態調査』労働省婦人少年局、一九五九年
労働省婦人少年局編『伸びゆく力　昭和三九年版』斯文書院、一九六四年
労働省婦人少年局編『年少労働の現状　一九五六年版』労働省婦人少年局、一九五六年
労働省婦人少年局編『年少労働の現状　一九六五年版』労働省婦人少年局、一九六五年
『学燈』松山市定時制高等学校連合自治会、一九五三年三月号

第3章

池波正太郎『青春忘れもの』新潮文庫、二〇一一年
石垣綾子・小田切秀雄(対談)「十代のひとびと」『葦』一九五五年五月号
大原誠『NHK大河ドラマの歳月』日本放送出版協会、一九八五年
大和岩雄『明日の記念に』私家版、一九七〇年
大和岩雄『古事記成立考――日本最古の古典への疑問』大和書房、一九七五年
大和岩雄『新版　古事記成立考』大和書房、二〇〇九年
小川利夫・高沢武司編『集団就職――その追跡研究』明治図書出版、一九六七年
加藤秀俊『中間文化』平凡社、一九五七年
苅谷剛彦『教育と平等――大衆教育社会はいかに生成したか』中公新書、二〇〇九年
鈴木嘉一『大河ドラマの50年』中央公論新社、二〇一一年

大和書房編『大和書房三十年のあゆみ』大和書房、一九九一年
寺島文夫『学歴なし――成功への道』青春出版社、一九五六年
福間良明『「聖戦」の残像――知とメディアの歴史社会学』人文書院、二〇一五年
松本清張『半生の記』河出書房新社、一九六六年
安田武『少年自衛隊』東書房、一九五六年
山本茂實「知識人の特権意識と庶民社会への反省」『葦』一九五一年早春号
山本茂實「潮の発刊について」『葦』一九五二年初夏号
山本茂實『救われざるの記――一哲学青年の手記』葦会、一九五二年
山本和加子『「あゝ野麦峠」と山本茂実』角川学芸出版、二〇一〇年
吉沢明子「私のみた「人生雑誌」」『山脈』一九六〇年一月号
「「人生雑誌」の秘密――若者の求めているものは何か?」『週刊朝日』一九五五年七月一七日号

エピローグ

苅谷剛彦『学力と階層』朝日文庫、二〇一二年
竹内洋『教養主義の没落』中公新書、二〇〇三年
橋本健二『新・日本の階級社会』講談社現代新書、二〇一八年
福間良明『「働く青年」と教養の戦後史――「人生雑誌」と読者のゆくえ』筑摩選書、二〇一七年

図表出典一覧

プロローグ扉　『吉永小百合 私のベスト二〇　DVDマガジン』第一号、講談社、二〇一二年
図一―一　『神田塾資料』松本市歴史の里所蔵
図一―二　栃木県連合青年団十五年史編集委員会編『栃木県連合青年団十五年史』栃木県連合青年団、一九六一年
図一―四　栃木県連合青年団十五年史編集委員会編『栃木県連合青年団十五年史』栃木県連合青年団、一九六一年
図一―五　全国青年学級振興協議会編『青年学級のあゆみと展望』大蔵省印刷局、一九六四年
図一―六　熊本県教育委員会編・発行『続・青年学級の歩み』一九五五年
図一―八　朝日新聞社提供
図一―九　小崎軍司『夜あけの星』造形社、一九七五年
図一―一〇　全国青年学級振興協議会編『青年学級のあゆみと展望』大蔵省印刷局、一九六四年
図一―一二　全国青年学級振興協議会編『青年学級のあゆみと展望』大蔵省印刷局、一九六四年
第二章扉　愛知県高等学校定時制通信教育振興会編『定通教育十年史』財団法人愛知県教育振興会、一九六〇年
図二―一　読売新聞社提供
図二―二　『文部省年報』『学校基本調査』をもとに作成
図二―三　「昼夜別生徒数(定時制)」(『学校基本調査』)をもとに作成(ただし、公立・本科のみ)
図二―七　東芝府中工場編・発行『東芝府中工場五〇年史』一九九〇年
図二―八　高等学校定時制通信制教育二十周年大阪記念会編・発行『大阪定通教育二十年記念誌』一九六八年
図三―二　『アサヒグラフ』一九五五年九月二八日号
図三―三　寺島文夫『人生はわが学校』文理書院、一九五七年
図三―四　『アサヒグラフ』一九五五年九月二八日号
図三―七　『昭和史全記録　一九二六―一九八九』毎日新聞社、一九八九年

図三―八　『昭和二万日の全記録』第一二巻、講談社、一九九〇年
図三―九　『昭和史全記録　一九二六―一九八九』毎日新聞社、一九八九年
図三―一〇　『キネマ旬報』一九六五年四月下旬号

表〇―一　神奈川県立教育研究所編・発行『定時制高等学校生徒の生活意識に関する研究』一九六一年
表一―一　深志学院記録作製委員会編・発行『全国一の学校と』一九九二年
表一―二　日本青年館調査研究室・日本青年団協議会編『農村青年の実態調査1』日本青年館調査研究室、一九六二年
表二―一　『学校基本調査』(一九五四・五九年度版)をもとに作成
表二―二　『学校基本調査』(一九五九年度版)をもとに作成
表二―三　「府県別生徒数」(『学校基本調査』一九六一年度版)をもとに作成
表二―四　文部省調査局統計課編・発行『定時制課程(夜)生徒の生活実態調査』一九五七年
表二―五　板橋文夫・板橋孝幸『勤労青少年教育の終焉』随想舎、二〇〇七年
表二―六　東京都教育庁学務部高等学校教育課編『都立定時制高校の現状と課題』(東京都教育委員会、一九七七年)をもとに作成

福間良明

1969年，熊本市生まれ．京都大学大学院人間・環境学研究科博士課程修了．博士(人間・環境学)．
出版社勤務，香川大学准教授を経て，
現在―立命館大学産業社会学部教授
専攻―歴史社会学・メディア史
著書―『「反戦」のメディア史――戦後日本における世論と輿論の拮抗』(世界思想社，2006年，内川芳美記念マス・コミュニケーション学会賞受賞)
『「戦争体験」の戦後史――世代・教養・イデオロギー』(中公新書，2009年)
『「戦跡」の戦後史――せめぎあう遺構とモニュメント』(岩波現代全書，2015年)
『「働く青年」と教養の戦後史――「人生雑誌」と読者のゆくえ』(筑摩選書，2017年，サントリー学芸賞受賞) ほか

「勤労青年」の教養文化史　岩波新書(新赤版)1832

2020年4月17日　第1刷発行

著　者　福間良明（ふくま よしあき）

発行者　岡本　厚

発行所　株式会社 岩波書店
〒101-8002 東京都千代田区一ツ橋 2-5-5
案内 03-5210-4000　営業部 03-5210-4111
https://www.iwanami.co.jp/

新書編集部 03-5210-4054
https://www.iwanami.co.jp/sin/

印刷・三陽社　カバー・半七印刷　製本・中永製本

ISBN 978-4-00-431832-3　Printed in Japan

岩波新書新赤版一〇〇〇点に際して

ひとつの時代が終わったと言われて久しい。だが、その先にいかなる時代を展望するのか、私たちはその輪郭すら描きえていない。二〇世紀から持ち越した課題の多くは、未だ解決の緒を見つけることのできないままであり、二一世紀が新たに招きよせた問題も少なくない。グローバル資本主義の浸透、憎悪の連鎖、暴力の応酬——世界は混沌として深い不安の只中にある。

現代社会においては変化が常態となり、速さと新しさに絶対的な価値が与えられた。消費社会の深化と情報技術の革命は、種々の境界を無くし、人々の生活やコミュニケーションの様式を根底から変容させてきた。ライフスタイルは多様化し、一面では個人の生き方をそれぞれが選びとる時代が始まっている。同時に、新たな格差が生まれ、様々な次元での亀裂や分断が深まっている。社会や歴史に対する意識が揺らぎ、普遍的な理念に対する根本的な懐疑や、現実を変えることへの無力感がひそかに根を張りつつある。そして生きることに誰もが困難を覚える時代が到来している。

しかし、日常生活のそれぞれの場で、自由と民主主義を獲得し実践することを通じて、私たち自身がそうした閉塞を乗り超え、希望の時代の幕開けを告げてゆくことは不可能ではあるまい。そのために、いま求められていること——それは、個と個の間で開かれた対話を積み重ねながら、人間らしく生きることの条件について一人ひとりが粘り強く思考することではないか。その営みの糧となるものが、教養に外ならないと私たちは考える。歴史とは何か、よく生きるとはいかなることか、世界そして人間はどこへ向かうべきなのか——こうした根源的な問いとの格闘が、文化と知の厚みを作り出し、個人と社会を支える基盤としての教養となった。まさにそのような教養への道案内こそ、岩波新書が創刊以来、追求してきたことである。

岩波新書は、日中戦争下の一九三八年一一月に赤版として創刊された。創刊の辞は、道義の精神に則らない日本の行動を憂慮し、批判的精神と良心的行動の欠如を戒めつつ、現代人の現代的教養を刊行の目的とする、と謳っている。以後、青版、黄版、新赤版と装いを改めながら、合計二五〇〇点余りを世に問うてきた。そして、いままた新赤版が一〇〇〇点を迎えたのを機に、人間の理性と良心への信頼を再確認し、それに裏打ちされた文化を培っていく決意を込めて、新しい装丁のもとに再出発したいと思う。一冊一冊から吹き出す新風が一人でも多くの読者の許に届くこと、そして希望ある時代への想像力を豊かにかき立てることを切に願う。

（二〇〇六年四月）